SAINT

VAAST

HISTOIRE DE SA MISSION

LILLE. — L. LEFORT

ÉDITEUR.

S. VAAST

A LA MÊME LIBRAIRIE :

☞ Tous ces ouvrages rendus *franco* à domicile, moyennant l'envoi, *en timbres ou mandats de la poste,* des prix indiqués.

Vies des Saints; édition revisée et complétée sous les rapports hagiographique, historique et bibliographique, par MM. Tresvaux du Fraval, chanoine vic. gén., De Ram, recteur de l'université de Louvain, et Le Glay, correspondant de l'Institut; et augmentée de réflexions pour chaque jour de l'année, par M. l'abbé Herbet, chan. hon., auteur de l'*Imitation méditée*, etc. 12 volumes grand in-12, ou 6 volumes grand in-8° à deux colonnes, br. . . . . . 42 »
— reliés en percaline chagrinée. . . . 50 »
— — — *haute tranche dorée.* 57 »
— demi-reliure chagrin, plats dorés, tr. dorée. 75 »

S. Pierre, prince des apôtres. in-12.	»	75
S. Ambroise. in-8°. portrait.	3	»
S. Athanase. in-8°. portrait.	3	»
S. Augustin. in-8°. portrait.	3	»
S. Basile. in-8°. portrait.	3	»
S. Bernard. in-8°. portrait.	3	»
S. Cyprien. in-8°. portrait.	3	»
S. Ephrem. in-8°. portrait.	3	»
S. Jean Chrysostôme. in-8°. portrait.	3	»
S. Jérôme. in-8°. portrait.	3	»
S. Grégoire de Nazianze. in-8°. portrait.	3	»
S. Benoît. in-12. portrait.	»	75
S. François d'Assise. in-12. fig.	1	»
S. François de Sales. in-18.	»	60
S. François Xavier. in-18. fig.	»	60
S. Ferdinand, roi de Castille. in-12. fig.	»	75
S. Jean Népomucène. in-18. fig.	»	30
S. Louis, roi de France. in-12. fig.	1	»
S. Marcoul, abbé de Nanteuil. in-18. fig.	»	30
S. Martin, évêque de Tours. in-18. fig.	»	30
S. Maurice. in-18. fig.	»	30
S. Norbert, archev. de Magdebourg. in-12. fig.	»	85
S. Patrice, apôtre de l'Irlande. in-12. fig.	»	75
S. Vincent de Paul. in-8° fig.	1	25
S. Louis de Gonzague. in-12. fig.	1	»
Les Soldats sanctifiés. in-12.	»	85
S. Alphonse de Liguori. in-12. fig.	1	»
B. Paul de la Croix. in-12. portrait.	»	75
B. J.-B. de Rossi, prêtre romain. in-12. portrait.	»	75
B. Benoît-Joseph Labre. 2 forts volumes in-8°.	12	»
— *Les 2 gravures se vendent séparément.*	»	75
B. Benoît-Joseph Labre; vie abrégée. in-12.	1	»
— édition *plus abrégée.* in-18.	»	30
B. Benoît-Joseph Labre; notice et prières. 4 *pages. le cent.*	1	50
— — *4 pages avec lithog. le cent.*	2	50

Les deux infirmes furent guéris.

SAINT
VAAST

HISTOIRE DE SA MISSION

SUIVIE D'UNE NOTICE SUR

S. OMER ET S. BERTIN

2e ÉDITION

Euntes docete...

MATTH. XXVIII. 19.

LILLE

L. LEFORT, IMPRIMEUR - LIBRAIRE

M D CCC LXI

INTRODUCTION

L'histoire locale a été pendant longtemps négligée par les érudits. Malgré de louables efforts, on se préoccupait plus des actions d'éclat, des grandes batailles, que des souvenirs et des enseignements qu'offraient les chroniques provinciales. Les Bénédictins eurent l'honneur d'appeler les recherches, et de donner à l'avidité du savant des renseignements trop longtemps laissés dans l'oubli. Les Jésuites vinrent après eux, ils étudièrent les origines des églises, et Bollandus attacha son nom à l'une des plus savantes collections que l'on possède. Etudier la vie de chaque saint, publier les biographies, les panégyriques les plus anciens, les plus dignes de foi; les compléter par des notes savantes : tel était le but que s'était proposé ce religieux, but qu'il poursuivit avec un zèle digne des plus grands éloges. Cette œuvre a été continuée par ses successeurs, et cinquante-quatre volumes in-folio sont l'éclatant témoignage de l'érudition d'un ordre qui a rendu de grands services à l'Eglise.

Bollandus avait suivi la division du martyrologe et traité chaque saint selon son inscription au calendrier liturgique. Pour une œuvre aussi grande il avait des collaborateurs. C'est ainsi qu'il publia, en 1658, avec Godefroid et Henschenius, le tome premier des *Acta sanctorum* du mois de février, dans lequel il consacra trente-trois pages in-folio, de 782 à 815, aux divers actes et documents relatifs à saint Vaast; il y joignit un savant commentaire et des notes nombreuses qui élucidèrent le texte. Un autre jésuite, Ghesquière, admit une classification différente et se renferma dans un cadre plus restreint. Ses études n'embrassaient que les saints des églises belges. Profitant des travaux de ses prédécesseurs, il les compléta par des notes érudites ; et divisant son sujet par siècle, il réunit dans six volumes aujourd'hui très-recherchés tous les faits qui pouvaient intéresser l'histoire religieuse de nos contrées. C'est ainsi qu'au texte publié par Bollandus sur saint Vaast, il joignit outre de fréquentes et d'érudites observations, une hymne composée par Alcuin à l'honneur de saint Vaast, et divers documents concernant les reliques de ce saint prélat ; enfin il publia un texte meilleur de la vie la plus ancienne de l'apôtre artésien.

Nous avons profité de ces savantes recherches, véritable source où ont largement puisé tous les auteurs modernes qui se sont occupés d'hagiographie. Nous n'avons négligé aucun des documents qui se rattachaient à l'épiscopat de saint Vaast; mais, nous devons humblement l'avouer, nous n'avons redressé aucune erreur importante qui n'ait été avant nous rectifiée par les savants PP. Jésuites; si nous avons découvert quelques faits de médiocre intérêt, la manière dont ils sont présentés nous a imposé l'obligation ou de les omettre ou de les combattre. Nous le disons donc hautement, quiconque voudra écrire la vie de saint Vaast, devrait étudier minutieusement les commentaires d'Henschenius et de Ghesquière. On nous permettra cependant, pour être complet, de mentionner rapidement les auteurs qui ont fait une étude spéciale de saint Vaast.

La plus ancienne biographie que nous possédions appartient à un religieux qui a conservé l'anonyme. Mais comme l'auteur ne fait aucune mention de la translation des reliques de saint Vaast par saint Aubert en 667, on peut la croire antérieure à cet événement marqué par plusieurs prodiges signalés. En 795 Radon était abbé de Saint-Vaast; c'était un homme distingué par ses travaux, son zèle religieux et ses hautes connaissances qui l'avaient élevé aux fonctions de grand référendaire, de chancelier et de vice-chancelier. On lui doit la construction de l'église, la restauration du monastère, et comme il avait une grande confiance aux mérites de saint Vaast, il contribua puissamment à propager le culte qui lui était rendu. La cour de Charlemagne comptait beaucoup de savants, car l'on sait la protection que leur accordait le puissant empereur. Parmi eux se distinguait un Anglais élevé par le vénérable Bède, et qui, dans la bibliothèque de l'archevêque d'York, s'était instruit dans la rhétorique, la dialectique, ainsi que dans les arts libéraux. Charlemagne apprécia son mérite et se l'attacha par de riches donations. C'est à cette époque que Radon connut Alcuin; il lui parla de saint Vaast et des grandes choses qu'il avait faites à Arras, et le savant diacre anglais consentit à revoir une vie ancienne qu'il développa et qu'on peut regarder comme son œuvre. Plus tard cette vie fut distribuée en leçons pour servir à la célébration de l'office public. Au IXe siècle, Haimin, qui passe pour avoir été disciple d'Alcuin, et qui enseigna les belles-lettres dans le monastère de Saint-Vaast, dont il était le gardien, recueillit les miracles dont il avait été le témoin ou qui lui avaient été signalés par des personnes qui en avaient profité. Haimin, qui mourut en 843, avait une réputation méritée par ses travaux. Milon, religieux d'Elnon ou mieux de Saint-Amand, lui dédia une vie de ce saint évêque ; en outre il était très-lié avec un autre religieux de Saint-Vaast, dont plusieurs écrits nous ont été conservés. Wefaïus et Haimin faisaient des vers latins, et nous connaissons d'eux des distiques qui ne sont pas sans mérite. Un de ses élèves, Hubert, chargé de desservir une cure qui dépendait du monastère, lui fit parvenir le récit d'un événement auquel il avait pris part, et qui avait procuré la guérison à un moribond administré par ses soins.

Comme on le voit, la tradition se poursuit sans aucune interruption ; on comprend le prix qu'attachent les religieux à conserver tous les faits prodigieux qui peuvent augmenter la gloire de saint Vaast, développer le culte que lui accorde l'église d'Arras. Alcuin, Haimin, Hubert, formés aux mêmes leçons, sont pour ainsi dire les anneaux intelligents d'une même chaîne. Après eux, des religieux continuèrent à recueillir les miracles de leur patron ; mais, soit par leur modestie, soit par les dévastations des barbares, leurs noms ne sont pas venus jusqu'à nous. Les Gaules vont en effet supporter les traces sanglantes des hommes du Nord : les églises et les monastères seront pillés, et les religieux de Saint-Vaast mettront à l'abri ce qu'ils regardent comme le joyau le plus précieux, le corps de leur patron. Déjà en 852 on avait levé le corps de saint Vaast, et à cette occasion il y avait eu plusieurs prodiges que des religieux contemporains consignèrent dans les registres de l'abbaye. Lorsque, pour préserver ces précieuses reliques de l'invasion des barbares, on les transporta à Beauvais, un religieux de Saint-Vaast, témoin de ces faits, en écrivit la relation, plus tard connue par Jean de Bruxelles, qui se l'appropria, ou qui peut-être se contenta de la reproduire selon l'usage du moyen âge. C'est à cet auteur que nous devons le récit des difficultés qui s'élevèrent entre les religieux et le magistrat d'Arras pour la plantation d'une croix sur la Petite-Place de cette ville. Les autres narrateurs ont gardé l'anonyme. Enfin, nous serions incomplet si nous ne mentionnions deux poëmes écrits au XVIe siècle par Meyer et Panage Salius.

Le premier, neveu du savant historien de la Flandre, était né à Arras en 1549 ; dès sa jeunesse il s'était livré à l'étude, et on lui confia en 1570 la direction du collége d'Arras. D'une piété éclairée, il consacra son talent à célébrer le patron de cette ville, et en 1580 il publia en trois livres un long poëme, qu'il intitula *Ursus*, c'est-à-dire l'Ours. Est-il nécessaire d'ajouter que ce livre, devenu assez rare, est diffus, lourd, et que si l'on y remarque quelques qualités poétiques, elles sont effacées par la longueur de détails souvent arides? La bibliothèque d'Arras conserve un très-beau manuscrit de l'Ours de Meyer. Panage Salius appartient aussi à l'Artois, car il est originaire de Saint-Omer, le rival et l'ami de Simon Ogier. Sans se laisser détourner par les soins de l'enseignement, par des voyages nombreux, par un séjour prolongé à Paris, Salius, qui avait trouvé de nobles accents pour la mort de Marie Stuart, fit de l'étude de saint Vaast une constante préoccupation; et en 1591, il faisait imprimer à Douai la *Vedastiados* ou la Gaule chrétienne. Ce long poëme, qui ne contient pas moins de cinq livres, renferme d'utiles renseignements pour l'histoire. On y trouve notamment une curieuse description de l'ancienne ville d'Arras. Cet ouvrage, que ses biographes sont unanimes à louer, fut le dernier qui sortit de la plume de Panage Salius; quatre ans plus tard, il terminait sa vie.

La vie de saint Vaast, depuis cette époque, n'a pas été l'objet de travaux spéciaux; cependant ce vertueux prélat a été mêlé aux événements importants de son siècle. Nous lui rendrons la gloire de la conversion de Clovis et des Francs qui l'accompagnaient à Tolbiac; nous signalerons le succès de ses prédications sur les rives de la Scarpe, de la Sambre et de l'Escaut. Nous redirons son inépuisable charité, son amour pour les pauvres, son ardeur à l'étude; en un mot, nous ne négligerons aucun fait d'une vie si bien remplie, car nous sommes sûrs qu'ils seront accueillis favorablement de toutes les personnes chrétiennes.

Védaste a été le premier prélat des églises de Cambrai et d'Arras; il est l'un des saints les plus populaires de nos contrées, et à ce double titre on peut s'étonner que sa biographie ne se trouve encore que dans la bibliothèque de l'érudit. Loin de nous la pensée d'avoir fait une œuvre savante; toutefois nous avons vérifié avec soin chacune de nos citations; car nous ne voulions rien avancer qui ne pût être prouvé par des témoignages positifs, ou qui ne fût conforme aux opinions émises par les écrivains que l'Eglise regarde avec raison comme ses plus savants historiens.

L'abbaye de Saint-Vaast, par sa fondation royale, l'importance des donations qui lui furent faites, l'influence qu'elle exerça sur l'histoire de la ville d'Arras dont la seigneurie lui appartenait, et plus encore par les écrivains qu'elle produisit, les hommes illustres qui en sortirent, les saints dont elle se glorifiait, se lie étroitement à la biographie de son patron. Nous avons rapidement analysé les faits principaux de son histoire, montré sa charité, énuméré les services qu'elle a rendus. Après une révolution dont la violence ne le cède qu'à ses crimes, les bâtiments de ce monastère sont encore debout. En vain on y a réuni diverses administrations, en vain on les a divisés, ils s'élèvent comme un éclatant témoignage de la grandeur d'un ordre regretté. Mais, malgré les agitations, les changements successifs, aucune atteinte n'a été portée à la piété des habitants envers l'apôtre des Atrébates; non-seulement les âmes chrétiennes et ferventes redisent cette vie si pure, si belle et si grande, mais l'Eglise a conservé le souvenir du saint prélat qui a converti Clovis, et le 6 février de chaque année ramène au temple de Saint-Vaast une foule plus pressée, plus pieuse et plus recueillie. Ce petit livre n'a donc pas pour objet de réveiller une dévotion encore si vive. Plus modeste, nous n'avons d'autre but que de fournir un nouvel aliment à la piété qu'inspire le souvenir de saint Vaast. La seule récompense que nous envions, est de l'avoir atteint.

S. VAAST

CHAPITRE PREMIER

Enfance de saint Vaast. — Ses premiers travaux apostoliques. Conversion de Clovis.

On ignore encore la patrie du pieux évêque qui disposa Clovis à recevoir le baptême et qui évangélisa une partie importante des Gaules. Selon quelques auteurs, il naquit dans la province d'Aquitaine, noble patrie de tant de saints confesseurs. On a prétendu également qu'il était neveu de saint Firmin, évêque de Verdun. Mais ces témoignages ne reposent sur aucun document comtemporain. Quant à la parenté de Védaste ou de Vaast pour lui donner le nom sous lequel il est le plus connu dans le nord de la France, quant à sa parenté avec l'évêque de Verdun, il ne faut y voir, croyons-nous, que des rapports d'amitié pour la sanctification du jeune prêtre. Védaste avait-il fui les grandeurs du monde, les richesses, les plaisirs profanes afin de se consacrer plus entièrement au salut des hommes? C'est ce qu'il est difficile d'établir. Ce qu'il y a de certain, c'est qu'on le retrouve jeune encore se livrant dans les environs de Toul à la prédication. Cette vie de fatigue, d'étude plaisait à son dévouement, et l'on pouvait croire que longtemps il l'aurait menée, si Dieu n'avait eu d'autres desseins, car il ne tarda point à lui donner une mission plus importante.

Clovis régnait sur une grande étendue des Gaules, il était encore païen; toutefois il avait épousé Clotilde ou Chrotechilde, nièce de Gondebaud, roi des Bourguignons, jeune princesse que le malheur avait pour ainsi dire rendue plus pieuse et plus fervente chrétienne. Elle était encore bien jeune, en effet, lorsque son père avait succombé à l'un de ces actes de violence si fréquents à cette époque. Le meurtrier, qui n'était autre que Gondebaud, fit élever avec soin Clotilde. On parlait de sa beauté, des charmes de son esprit, et Clovis, qui venait d'affermir son autorité dans les Gaules, fit demander sa main. Ni la différence de religion ni les mœurs presque farouches du Sicambre ne purent faire rompre l'alliance commandée par la politique, mais que Gondebaud redoutait. Clotilde était restée catholique comme sa malheureuse mère; elle souffrait de se trouver dans une nation arienne, de voir près d'elle les meurtriers de sa famille; et Aurélianus eut peu de peine à lui faire accepter l'union que proposait Clovis. Après le mariage par le sou d'or et le denier d'argent, selon la coutume salique, Clotilde monte dans une basterne (c'était le nom donné à un chariot traîné par des bœufs). Bientôt on apprend le retour d'Arédius, confident de Gondebaud; la jeune reine des Francs craint la trahison, s'élance sur un coursier, et arrive sur les limites de son royaume, sans avoir été rejointe par les soldats que l'on avait mis à sa poursuite.

Bientôt, par sa douceur, Clotilde eut une grande influence sur Clovis, et un enfant, fruit de cette union, reçut le baptême à sa naissance. Par malheur, cet enfant mourut en bas âge, et le roi franc, dans sa superstition, attribua cet événement à l'insulte qu'il avait faite à ses dieux. Cette épreuve ne découragea point l'épouse chrétienne; il lui était réservé la plus grande récompense qu'elle pouvait envier sur la terre : la conversion de celui qu'elle aimait, l'affermissement du christianisme dans les Gaules, et son triomphe sur l'hérésie.

Clovis portait la guerre chez les Alamans, nation intrépide qui avait une origine presque semblable à celle des Francs. Ces peuples, que l'on regardait comme les plus dangereux voisins de la Gaule, avaient joué un grand rôle dans l'invasion de 406. Puis ils s'étaient retirés sur la rive helvétique du Haut-Rhin, et soit nonchalance de leurs chefs, soit fatigue d'hostilités séculaires, ils s'étaient livrés à la culture. Vers 495 on poussa le cri de guerre; depuis le Mein jusqu'au lac de Constance, tout le monde prit les armes, et l'on pouvait croire que cette formidable armée renverserait toutes les digues qu'on lui opposerait. Instrument de la Providence, Clotilde devait montrer la puissance de la prière, amener la conversion d'un grand roi et donner à l'Eglise ses plus vaillants défenseurs. On en vint aux mains à Tolbiac près de Cologne, et de part et d'autre on combattit avec une grande énergie. La bataille fut longue et opiniâtrement défendue ; ces peuples, que rapprochaient l'origine, les mœurs et le courage, luttaient pour la possession des Gaules. Ce riche territoire serait-il la propriété des Francs, ou n'offrirait-il qu'un lit facile à toutes les inondations des Barbares ? Les Francs faiblirent; Sigebert, roi des Ripuaires, avait été forcé de quitter le combat, et ses colonnes pliaient, lorsque Clovis, agenouillé sur le champ de bataille, s'écria d'une voix ferme : « Dieu de Clotilde, si tu m'accordes la victoire sur mes ennemis, je croirai en toi et je me ferai baptiser en ton nom. » Aussitôt les Alamans tournent le dos, leur chef est frappé à mort, et ils s'empressent de reconnaître l'autorité de Clovis. Les résultats de cette victoire furent immenses; l'Alamannie et la

Souabe subirent la loi du vainqueur ; son pouvoir, ou pour mieux dire son influence, s'étendit jusqu'aux rives du Danube. De son côté le chef franc tint fidèlement sa promesse. Ayant appris qu'au territoire de Toul un prêtre se distinguait par ses vertus et la puissance de sa parole, il appela Védaste et lui confia le soin de l'instruire.

Mais à cette nature encore barbare, il fallait autre chose que les enseignements de la religion. Sur la rivière d'Aisne, près du village de Vouzy, se présente un aveugle ; il s'approche du cortége royal, et demande la guérison à celui que l'on appelait *l'homme du Seigneur* : « Saint élu de Dieu, criait-il, Védaste, ayez pitié de moi ; implorez la souveraine puissance pour qu'elle soulage ma misère. Je ne demande ni or ni argent, mais que par vos saintes prières la lumière des yeux me soit rendue. » Vaast, comprenant l'utilité de frapper par un prodige les guerriers encore ignorants ainsi que cette foule nombreuse qui le suivaient, pria avec ferveur; puis, étendant la main droite sur les yeux du mendiant, il forma le signe de la croix en disant : « Seigneur Jésus, vous qui êtes la vraie lumière, qui avez ouvert les yeux de l'aveugle-né lorsqu'il eut recours à vous, ouvrez également les yeux de celui-ci, afin que le peuple comprenne que vous êtes le seul Dieu opérant les merveilles au ciel et sur la terre. » Aussitôt l'aveugle recouvra la vue, et s'attachant aux pas du saint prêtre, il rendit gloire à Dieu. Plus tard une chapelle fut élevée sur l'emplacement où avait eu lieu ce miracle.

Quant à Clovis, touché de ce prodige, il eut une confiance plus grande encore dans le prêtre qui l'instruisait. Fortifié dans sa foi par ce miracle, il ne soupira plus qu'après le jour où il pourrait se purifier dans l'eau vive du baptême. Il hâta son voyage, ayant toujours près de lui Védaste ; et enfin il arriva à Reims, où tout était disposé pour la cérémonie. Nous n'avons pas à raconter ici cette fête, les fonts sacrés préparés avec pompe, les portiques intérieurs de l'église couverts de tapisseries peintes et ornés de voiles blancs, les cierges allumés, l'encens dont le temple était embaumé ; car, selon l'expression de S. Grégoire de Tours, Dieu fit descendre sur les assistants une si grande grâce qu'ils se croyaient transportés au milieu des parfums du paradis. Dès que le Sicambre, humblement prosterné, *eut adoré ce qu'il avait brûlé*, trois mille hommes de son armée reçurent le baptême, auquel ils avaient été préparés par les prédications de Védaste.

Clovis n'oublia point le prêtre qui l'avait instruit ; il le recommanda de la manière la plus pressante à saint Remi. Mais il entrait dans les desseins de Dieu d'employer l'éloquence persuasive de Védaste et l'exemple de ses vertus à l'affermissement dans la religion chrétienne des Francs qui s'étaient convertis avec leur roi.

Pendant son séjour à Reims, Védaste donnait la majeure partie de son temps à la prédication. A cette époque déjà la vie du missionnaire était tout de fatigue et d'abnégation; non-seulement il annonçait la parole de Dieu, mais le prêtre ne devait repousser aucun de ceux qui venaient réclamer ses conseils, chercher des consolations, s'affermir dans la pratique de vertus dont il ne soupçonnait même pas encore l'existence. Les farouches hommes de guerre devenaient dociles, humbles et doux; le riche sacrifiait des trésors péniblement amassés, et abandonnait aux pauvres l'excédant de ses économies, quelquefois même tous ses biens, pour s'en remettre aux vues cachées de la Providence. Il fallait exciter le zèle, le diriger, créer des établissements et surtout prendre soin des pauvres ; car les œuvres de bienfaisance sont sans contredit l'encens le plus agréable à Celui qui a dit : « J'étais pauvre, et vous m'avez vêtu. »

Védaste ne manqua pas à cette noble mission. Son biographe aime à célébrer ses mœurs austères, son assiduité à la prière, sa dévotion tendre, sa chasteté, ses jeûnes multipliés, son zèle à consoler les affligés. Il fournissait abondamment à leurs besoins, leur prêchait la patience, les enseignait à recourir à la prière, cette puissante consolation pour quiconque se trouvait dans la peine ; il leur montrait le royaume des cieux dont les premières places sont réservées à ceux qui auront le plus religieusement supporté les épreuves de cette vie. Entièrement confiant dans la Providence, il ne s'inquiétait jamais de ses besoins matériels, et sa maison était ouverte aux pauvres ainsi qu'aux chefs francs qui venaient le consulter. Dieu daigna lui montrer combien cette conduite lui était agréable. Un seigneur puissant dans le pays était venu trouver Védaste. Longuement ils s'étaient entretenus ; enflammé par son zèle, le saint missionnaire avait laissé s'écouler les heures sans les compter ; il en était de même du néophyte qui recevait avec joie de la part du serviteur de Dieu l'explication des grands mystères de notre sainte religion.

Les rayons du soleil de la Champagne, selon l'expression du biographe, avaient perdu de leur force, et les ombres s'étendaient déjà sur la terre. Védaste ne permit point à son hôte de le quitter sans avoir accepté quelques rafraîchissements. Il ordonna à son serviteur d'apporter du vin ; les visites des jours précédents avaient été si fréquentes, la charité du missionnaire si multipliée, que le vase était vide. Le serviteur, écoutant son dépit, blâma la générosité de son maître, et en rougissant le prévint à voix basse de la disette dans laquelle il se trouvait. Habitué aux privations, Védaste ne s'en émut pas pour lui ; mais il savait que son hôte était accoutumé à une grande aisance, qu'il avait fait une longue course dont la fatigue s'augmentait encore par suite de leur conversation prolongée, enfin qu'il devait souffrir d'un jeûne aussi étendu. Il leva les yeux au ciel, invoqua Celui qui dans le désert avait fait jaillir une source d'un rocher et qui plus tard à Cana changea l'eau en vin. Puis, se tournant vers son serviteur, il lui donna l'ordre de retourner au cellier et d'apporter ce qu'il y trouverait. La foi de Védaste avait été si vive, inspirée par une charité si ardente, qu'un prodige s'était manifesté. Le vase desséché était rempli d'un vin généreux, et non-seulement le chef franc, mais les personnes de sa suite et les nombreux visiteurs qui se succédèrent, furent complètement désaltérés. Ce miracle permit encore au serviteur de

Dieu de donner une nouvelle preuve de son humilité; car après avoir rendu grâces au Tout-Puissant, il prescrivit à ceux qui en avaient été les témoins de ne pas parler de ce fait; mais Védaste ne pouvait empêcher le peuple de célébrer ses vertus, de redire sa charité, de raconter les conversions dues à son zèle. L'attention de saint Remi fut appelée sur ce puissant auxiliaire; il l'éleva aux plus hautes dignités du sacerdoce, fournit à son zèle un champ plus vaste, et le promut à l'évêché d'Arras. Pieusement soumis aux vues de la Providence, Védaste n'osa refuser un fardeau qu'il croyait trop lourd pour lui. Il eût mieux aimé vivre dans la solitude et dans la retraite : mais Dieu l'avait déjà choisi pour instruire un grand roi, convertir une nation puissante; il lui réservait la consolation de prêcher la foi chrétienne à des peuplades encore païennes et barbares, qui devaient précieusement conserver cette semence, la faire croître et multiplier, et, à dix siècles de distance, fournir un rempart inexpugnable à la foi catholique, qui y recruterait ses défenseurs les plus zélés, les plus dévoués et les plus énergiques.

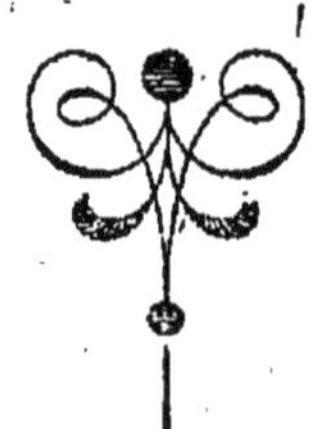

CHAPITRE II

Situation topographique des pays qu'évangélisa Védaste.
Résumé des missions antérieures.

Jetons un coup d'œil rapide sur la situation topographique des pays que venait évangéliser Védaste. Les Atrébates et les Nerviens en étaient les deux tribus principales, et l'Escaut les séparait des farouches Ménapiens. A l'ouest des Atrébates on trouvait les Morins, retranchés dans leurs marais presque inaccessibles, vivant de leur chasse et des produits d'une pêche que le voisinage de la mer rendait abondante. Parmi les rivières qui sillonnent le pays, nous devons indiquer la Lys, la Scarpe, la Sambre et le Crinchon, moins sans doute à cause de l'importance de ce faible cours d'eau qu'en souvenir de l'oratoire que Védaste éleva sur ses rives. Mais ce pays, aujourd'hui si peuplé, si riche par son industrie et son agriculture, était couvert de forêts et de profonds marécages. Le reste consistait en bruyères ou en terres noyées par l'Escaut et l'Aa. Les Atrébates avaient présenté à César une énergique résistance, et le vainqueur avait conservé à Comius son autorité. C'était un moyen employé par la politique romaine pour faire dominer son influence. Comius devint l'ami de César, et il justifia ce titre par les services qu'il lui rendit à l'époque où les légions-romaines conquirent la Grande-Bretagne, et par l'énergie avec laquelle il réprima un mouvement des Nerviens. Mais lorsque Vercingétorix eut poussé le cri de révolte, Comius, préférant l'indépendance de son pays à l'amitié du vainqueur, fournit un fort contingent à l'armée coalisée. La fortune ne trahit pas les aigles romaines; il entrait, en effet, dans les secrets desseins de Dieu que cette puissance étendît son autorité sur l'univers, afin que là vraie religion pût être prêchée à tous les peuples, que partout les soldats chrétiens des légions portassent leur enseignement, l'exemple de leurs mœurs douces et pures, de leur obéissance aux chefs, de leur détachement des biens de la terre. Comius vaincu dut renoncer à poursuivre une lutte devenue impossible : il se retira dans les sombres forêts de la Germanie, espérant que ses yeux pourraient s'y fermer sans rencontrer un Romain. Sous la nouvelle administration, l'industrie se développa. On a lieu de croire que l'on cultivait alors dans les plaines si fertiles de l'Artois, cette garance aux brillantes couleurs, qui devait plus tard assurer aux tapisseries d'Arras une réputation européenne. Déjà à cette époque on fabriquait sur les rives du Crinchon des étoffes estimées. L'empereur Gallien, apprenant une défaite de ses troupes, s'écria : « Rome ne peut-elle être sauvée sans les saies des Atrébates? » Telle est l'origine de ces magnifiques tentures, si recherchées de nos jours, que l'on trouve au Vatican, à Constantinople même, et qui suffirent à payer la rançon de l'un des plus riches et des plus magnanimes princes de la maison de Bourgogne.

Quant aux Nerviens, qui dès l'arrivée de César avaient reçu le titre d'hommes libres (*liberi*), ils firent ratifier leurs priviléges par Auguste. Ce prince, en effet, s'était montré généreux, et dans un voyage qu'il fit dans les Gaules, il accorda cette dignité aux nombreuses peuplades qui la réclamaient : pour les uns, c'était la récompense de leur fidélité; pour d'autres, au contraire, l'unique moyen de les maintenir dans l'obéissance. Les peuples libres, ainsi que les cités fédérées, conservaient leurs anciennes lois, et payaient seulement des redevances en terre, en argent et en hommes. On a lieu de croire que les Nerviens s'acquittaient ainsi, car nous les voyons, sous leurs chefs nationaux, veiller à la défense de l'empire et combattre à Pharsale parmi les troupes auxiliaires. Ils se distinguèrent également dans l'expédition de Drusus contre les Germains d'outre-Rhin, et vers l'an 398, dans la guerre qu'Arcadius et Honorius eurent à soutenir pour réprimer la révolte de Gildon, gouverneur de l'Afrique. Des pierres tumulaires retrouvées à Rome nous prouvent même que des Nerviens formaient la garde intime des empereurs. Aussi trouve-t-on chez les Atrébates et les Nerviens cette organisation municipale qui devait se développer d'une manière si forte et si puissante au moyen âge. Chaque ville importante avait un magistrat qui, sous le nom de défenseur de la cité, était chargé de l'instruction de la justice; il devait veiller aux intérêts de la ville et prononçait sans appel dans les causes dont l'importance ne s'élevait pas à 300 sols. Depuis le règne de Constantin, ces magistrats furent à la nomination des évêques, du clergé et des notables.

Nous avons dit l'importance de la cité des Atrébates; elle ne comprenait toutefois que l'espace renfermé plus tard dans la juridiction épiscopale, et elle était bornée au midi par l'un des bras du Crinchon. Un empereur romain avait élevé non loin de là une vaste forteresse connue sous le nom de *Castrum nobiliacum*. On sait, en effet, que les Romains n'aimaient point à se retirer au sein des villes; ils craignaient sans doute que la discipline n'en souffrît, et ils se rappelaient que les délices de Capoue avaient suffi pour triompher en peu de temps de cette armée victorieuse de Carthage et que l'on pouvait croire invincible. César pendant l'hiver retirait ses troupes dans des camps fortifiés, et celui d'Etrun, aux portes d'Arras, peut nous faire apprécier avec quel soin ils étaient formés. Plus tard toutefois, lorsque les légions romaines furent assez puissantes pour dicter leur volonté aux Césars, on les rapprocha des villes. Telle fut l'origine du *Castrum nobiliacum* et de plusieurs autres forteresses établies chez les Atrébates et les Nerviens. Mais à l'époque des prédications de Védaste, il ne restait plus que des vestiges insignifiants de cet ancien château qui, sous l'autorité d'un tribun militaire devait contenir les habitants et les préserver des incursions de l'ennemi.

Les Nerviens avaient pour principale cité Bavai, détruite au ve siècle dans une des nombreuses invasions des barbares. On peut croire toutefois qu'elle perdit chaque jour de sa puissance, et que Cambrai recevait de rapides développements ; c'était le principal *oppidum* des Nerviens à l'époque qui nous occupe.

Nul doute que Cambrai ne se soit agrandie sous la protection des empereurs, qui multipliaient les points de défense pour en former une ligne redoutable de forteresses. C'est ainsi que M. Tailliar, dans un travail récent, a signalé sur l'Escaut, le Catelet, Cambrai, Valenciennes, Tournai ; sur la Scarpe, le *Castrum nobiliacum*, Vitry, Douai ; sur la Lys, Aire, Estaires, Werwick, Courtrai. Ces châteaux-forts, ainsi qu'il l'indique, avaient pour principal but d'empêcher les pirates et surtout les Saxons de pénétrer dans l'intérieur du pays.

Quant à la division territoriale, elle était très-simple. Les Atrébates de race celto-belge étaient séparés en quatre tribus : l'Artois proprement dite (*Adharctisus*), parce qu'elle occupait l'extrémité méridionale de la Gaule-Belgique; l'Arrouaise, vaste forêt qui s'étendait des sources de la Sambre à l'extrême frontière du Vermandois et du Cambrésis, et qui devait donner son nom à l'un des plus illustres monastères du moyen âge; la Gohelle, large étendue de terrain située entre Arras, Douai, Béthune et Saint-Pol, et enfin le Scirbin ou Escrebieux. Quant au territoire des Nerviens, il était également divisé en plusieurs pays ou cantons.

Des voies entretenues avec soin facilitaient les communications de Rome avec la Grande-Bretagne. Arras était au centre de sept d'entre elles; elle se trouvait ainsi en relations faciles avec Amiens (*Samarobriva*), Tournai, Estaires, Thérouanne, Cambrai, Saint-Quentin la cité du Vermandois, et cette étoile du Boulonnais qui rayonnait en sept voies différentes. En outre, Bavai était relié à Amiens par Cambrai, ainsi qu'à Tournai,

Reims, Trèves, Cologne, etc.; Cambrai, de son côté, pouvait communiquer par Arras, soit avec Tournai; soit avec les autres points importants du nord des Gaules.

C'est près des voies qu'étaient placées les tombes des guerriers romains. L'archéologue, dans ses fouilles, y trouve quelquefois de larges fosses : quelques ornements sont la seule preuve qu'elles aient servi à la sépulture. Tandis, en effet, que le païen avec son amour matériel de la vie aimait à être entouré de ce qui rappelait ses jouissances, faisait déposer près de son cadavre, des armes, des bijoux, des vêtements précieux, le chrétien, en présence de la grande simplicité de la mort, ne voulait que le souvenir de ses vertus, les larmes de son repentir; cherchant sa récompense dans un monde meilleur, il livrait à la terre son corps aussi nu qu'il l'avait reçu de la nature. Le résultat de ces fouilles n'est-il pas une nouvelle preuve de l'époque recluée où la foi a été prêchée dans ces contrées? Des missionnaires l'avaient en effet portée dans les Gaules longtemps avant l'arrivée de saint Vaast sur les rives du Crinchon. Ce n'est pas ici le lieu de discuter si la conversion de ces peuples date du Ier siècle de notre ère; mais il nous sera permis d'établir que les derniers travaux de MM. Faillon, Arbellot et Piolin sont de nature à jeter un grand jour sur cette question controversée. Si en effet l'église de Trèves a été évangélisée par les disciples mêmes de saint Pierre, si notamment on ne peut récuser la mission des saints Euchaire, Valère et Materne, si d'autre part saint Augustin a porté dans la Grande-Bretagne la religion nouvelle, il est difficile d'admettre que les Atrébates, placés entre ces deux peuples, près des ports où dut s'embarquer Augustin, n'aient point profité de ses missions.

Dans les siècles suivants les prédications

sont plus nombreuses ; et dès le IIIe siècle nous trouvons sur les glorieuses listes des martyrs des Gaules, Lucien à Beauvais, Crespin et Crespinien à Soissons, Quentin à Vermand qui plus tard devait prendre le nom du saint confesseur, Piat et Chrysole dans le Tournaisis, Victoire et Fuscien à Thérouanne. A cette époque, en effet, régnait sur les Gaules Maximien-Hercule, qui à de grandes qualités joignait une violence impitoyable, qu'excitait encore contre les chrétiens la haine jalouse de Rictius-Varus, préfet du prétoire.

Nous voyons les cités d'Arras et de Cambrai mentionnées par Hincmar parmi les évêchés qui dépendaient de la province de Reims; cette opinion n'a rien qui puisse surprendre, si l'on considère l'importance dont elles jouissaient. Des chroniqueurs plus modernes ont avancé que, dès l'année 108, Syagrius, disciple de saint Denis l'Aréopagite, premier évêque de Paris, gouvernait en même temps les églises de Cambrai et d'Arras, mais qu'il résidait habituellement dans cette dernière ville.

Si l'on ne connaît pas les noms des premiers martyrs qui ont évangélisé l'Artois, c'est que maintes fois les barbares en ont fait le théâtre de leurs courses. Quades, Vandales, Sarmates, Alains, Gépides, Hérules, Saxons, Allemands et autres peuples, ravagèrent les cités du nord des Gaules, les ruinèrent, et quelquefois même transportaient les habitants dans la Germanie où ils les réduisaient à une dure captivité. C'est un auteur contemporain, saint Jérôme, qui nous a laissé le tableau de ces effrayantes calamités.

Il est rationnel d'admettre que les premiers missionnaires, dont la vie modeste était entièrement consacrée à la prédication, ont péri victimes des nombreuses incursions de barbares dont les Atrébates eurent à souffrir, et que par le malheur des temps, leurs noms n'ont point été conservés à notre vénération. Un fait incontestable justifie cette opinion. Saint Jérôme mentionne qu'au IVe siècle, sous l'empire de Gratien, le pays des Atrébates fut frappé d'une disette. On s'adressa alors au Dieu des chrétiens, qui, touché des malheurs du peuple, fit pleuvoir une nourriture abondante ressemblant à des flocons de laine blanche, et qui, en souvenir de la protection accordée aux Israélites dans le désert, reçut le nom de *manne*. En outre, la pluie à laquelle elle était mêlée rendit à la terre une fertilité qu'elle avait perdue, et pendant plusieurs années elle se couvrit de riches moissons. Si dans une calamité publique on s'est adressé au Seigneur, c'est qu'il y avait des chrétiens pour guider la piété des habitants. Ne peut-on pas admettre que Dieu aurait permis ce prodige pour montrer sa puissance aux populations encore barbares qui habitaient ces régions? Ne voyons-nous pas, en effet, que des miracles ont partout accompagné les premières prédications? Quoi qu'il en soit, ce fait ne peut être révoqué en doute, il a pour lui le témoignage des écrivains les plus sérieux. Quelques restes de la manne ont été pieusement conservés jusqu'à la fin du dernier siècle; une fête a été établie dans l'église d'Arras pour rappeler ce prodige. Des bulles émanées des souverains pontifes l'ont autorisée et y ont attribué de nombreuses indulgences. C'est ainsi qu'en 1342 le pape Clément VI accorda une indulgence d'un an et quarante jours à quiconque prierait dévotement devant la châsse où était enfermée la sainte manne, et qu'en 1445 le pape Calixte III en donna de plus abondantes qui pouvaient être obtenues le jour même de cette solennité. On voit encore dans le temple élevé sur les ruines de l'ancienne cathédrale, le reliquaire où était conservée la manne d'Arras.

Par sa forme, il appartient au XVe siècle; et les peintures qui l'ornent fixent avec raison l'attention des touristes, en même temps qu'elles en font l'un des joyaux les plus précieux d'une ville justement célèbre par les objets d'art qu'elle produisit.

A peu près à la même époque, l'église de Cambrai était administrée par un évêque du nom de Supérieur, qui, d'après quelques historiens, aurait visité Arras en 337. Dans ces siècles reculés, il est difficile d'obtenir des renseignements biographiques complets. L'opinion générale est qu'un Supérieur prêcha la foi chrétienne à Bavai, mais que cette ville ayant été ravagée par les Huns, il se retira à Cambrai et y établit son siége épiscopal. On trouve en 349 un évêque de ce nom parmi les prélats qui assistèrent au concile de Sardique et qui défendirent les doctrines et l'innocence de saint Athanase. Il est vrai qu'il est cité sans désignation de siége, mais on n'a pas hésité à le placer à Cambrai.

Vers la fin du IVe siècle, un Grec de nation, connu sous le nom dè Diogène, vint à Arras prêcher la religion chrétienne. Dans sa jeunesse, il avait embrassé la carrière militaire ; mais touché de la grâce divine, il résolut de consacrer sa vie à la prédication, et le pape saint Sirice le chargea de porter aux Atrébates les lumières de la foi nouvelle. Il nous reste peu de faits de son épiscopat, on sait cependant qu'il produisit d'heureux résultats.

Un temple s'éleva au centre de la cité des Atrébates. Diogène sur le même emplacement éleva une église qu'il consacra à la Vierge ; peut-être même, selon l'usage des premiers missionnaires, conserva-t-il l'édifice ancien et se contenta-t-il de le bénir.

Peu de temps après, les barbares envahissaient de nouveau l'Artois ; ils étaient conduits par le farouche Attila, que naguère on a essayé de populariser, mais qui n'en est pas moins resté *le fléau de Dieu*, l'un de ces hommes pour ainsi dire marqués d'un signé réprobateur et que le Seigneur envoie comme un terrible châtiment pour les peuples qui méconnaissent sa puissance. Dans une de ces incursions, Diogène fut frappé à mort, et l'on n'a conservé aucune parcelle de son corps. Mais au milieu de cette dévastation générale, de la destruction des cités, lorsque les ronces et les broussailles étendaient leur végétation à ce point qu'elles offraient un abri aux animaux féroces, l'image de la Vierge fut préservée de toute profanation; elle resta comme un témoignage des premières prédications, comme un signe de la protection de Dieu à l'égard d'une ville qui devait produire de grands saints, de courageux défenseurs de la religion, des savants aussi distingués par leur piété que par l'érudition de leurs écrits. Nous verrons saint Vaast retrouver les ruines du temple de Diogène dans un lieu qui depuis les prédications de la foi chez les Atrébates a toujours été consacré à la prière.

CHAPITRE III

Episcopat de saint Vaast.

Selon quelques auteurs, Védaste, avant d'être nommé à l'épiscopat, aurait exercé les fonctions d'archidiacre de l'église de Reims, et son nom se retrouve avec cette dignité dans un catalogue dressé avec soin par dom Marlot. Cette dignité était la plus importante après celle des archevêques ; les archidiacres, que l'on appelle les yeux des prélats, *oculi episcoporum*, étaient chargés des visites paroissiales; ils devaient s'assurer du bon entretien des ornements de l'autel, de la garde des titres qui confirment les droits et les privilèges des églises, de la distribution des aumônes aux pauvres. A eux appartenaient l'installation des abbés et dignitaires ecclésiastiques, l'examen des clercs qui se disposent à recevoir les ordres, l'explication des fêtes de l'année et de l'office divin, et surtout la visite des prisons à l'époque de certaines solennités. On voit quelle responsabilité s'attachait à ces fonctions : aussi quelques auteurs n'hésitent point à donner aux archidiacres le nom de chorévêques. Nous n'oserions toutefois affirmer que Védaste en eût été revêtu; mais ce fait n'aurait rien d'étonnant, car Remi l'appelait son vicaire, *vicariæ sollicitudinis cooperarius*.

Quoi qu'il en soit, lorsque Védaste prit possession du siége d'Arras, ses premiers pas furent marqués par des prodiges. On avait relevé les fortifications de cette importante cité; mais l'idolâtrie y était restée triomphante, et l'on n'avait pris aucun soin du salut des âmes. A la porte de la ville, Védaste rencontra un aveugle et un boiteux qui lui demandèrent la charité. Le saint confesseur n'avait avec lui ni or ni argent; mais, confiant dans la clémence divine, il leur dit : « Ce que j'ai, je vous l'offre avec empressement, le zèle de la charité et la prière à Dieu. » Touché de leur misère, il versa des larmes si abondantes que la foule en fut émue; puis, avec une grande pureté de cœur, il pria le Seigneur de leur venir en aide, non-seulement dans l'intérêt de leurs corps, mais pour le salut du peuple présent. Les deux infirmes furent guéris, et se retirèrent chez eux, glorifiant le Seigneur qui avait permis ce prodige. Ce miracle disposa les esprits des barbares à la conversion; plusieurs d'entre eux s'agenouillèrent aux pieds de l'homme de Dieu et acceptèrent la foi qu'il était venu prêcher.

Alors Védaste parcourut les divers quartiers de la cité des Atrébates, cherchant les vestiges d'un ancien temple. Partout il ne trouvait que des ruines indiquant le passage des nations barbares, et notamment de celui que les peuples avaient si justement nommé le *fléau de Dieu.* Les Huns avaient été impitoyables, leurs traces étaient marquées par des décombres amoncelés, des murailles noircies par les incendies. Ces farouches guerriers semblaient avoir pris à tâche de justifier leur surnom : rien n'avait trouvé grâce devant eux, ni la faiblesse de l'enfance, ni les larmes des mères, ni les infirmités de la vieillesse ; la sainteté du prêtre paraissait avoir redoublé leur rage, et le sang des martyrs avait arrosé le sol de cette ville si chrétienne, que le moyen âge devait appeler la cité de la Vierge. Le temple qui longtemps avait retenti des pieux cantiques, des hymnes de foi, n'était plus qu'un amas de décombres, les murailles arasées au sol disparaissaient sous la luxuriante végétation des ronces et des herbes parasites. Selon l'expression des agiographes, le chœur même où l'on chantait des psaumes n'était plus que le repaire des bêtes féroces ; les derniers vestiges du saint temple disparaissaient sous le fumier et les immondices. Guidé par l'inspiration divine, Védaste s'agenouilla à l'endroit où le fourré était le plus épais ; puis, avec toute la pureté de sa foi et la charité de son âme, il s'écria en levant les yeux au ciel : « Ces malheurs ont fondu sur nous parce que nous avons péché ainsi que nos pères ; c'est justement que nous avons été châtiés, car nous avons commis l'iniquité. Mais vous, Seigneur, vous êtes miséricordieux ; vous pardonnerez nos fautes, et vous n'oublierez pas le pauvre au jour de ses prières. » Tandis qu'il exhalait ainsi les plaintes de son cœur, un bruit se fit entendre dans les décombres ; c'était un ours qui avait établi sa tanière sous les ruines de l'autel. Animé d'une sainte indignation, Védaste lui donna l'ordre de se retirer dans les lieux déserts, de chercher dans l'épaisseur des forêts un nouveau repaire et de ne plus franchir les rives du Crinchon. L'animal obéit, et, selon la remarque des agiographes, l'on ne vit plus d'ours désormais dans les plaines de l'Artois. Ce miracle eut un grand éclat; il contribua puissamment à la conversion des Atrébates; il montra la puissance du pontife, et la reconnaissance de la foule se confondit avec l'admiration pour ses vertus. Aussi, même au moyen âge, représente-t-on saint Vaast traînant un ours à sa suite; c'est ainsi que le montrent les manuscrits qui contiennent sa vie, les tableaux des artistes, les œuvres des statuaires. Une pieuse tradition veut que Védaste voyant cet animal dans les ruines d'Arras lui avait donné l'ordre de le suivre, et qu'obéissant à ce commandement il devint le compagnon fidèle de saint Vaast, afin de montrer aux nations encore barbares la puissance du Dieu dont il annonçait la parole, et de les inviter à se soumettre à Celui qui savait commander aux animaux les plus féroces et les rendre souples et soumis. On a voulu aussi que cet ours ne fût qu'un symbole.

Arrivé dans un pays sauvage où les habitants étaient accoutumés à sacrifier à leurs passions honteuses, Védaste fit entendre sa voix puissante. Sur l'autel renversé des faux dieux, il éleva la croix, mystère de charité et d'abnégation, et fit triompher les vertus chrétiennes au milieu d'un peuple adonné à tous les vices.

Pour les faits que nous venons de rapporter, nous n'avons pas à examiner les opinoins diverses; il nous suffira de rappeler à nos lecteurs que nous avons fidèlement suivi la vie écrite par Alcuin, le pieux et savant précepteur de Charlemagne.

Le zèle de Védaste eut bientôt élevé, à la gloire de Marie, une église en cet endroit même que la religion semble avoir choisi comme le centre de son domaine. Agrandie, restaurée, enrichie par la générosité des princes, par les dons abondants des habitants, elle a traversé les jours les plus mauvais de nos révolutions. Détruite au commencement de ce siècle, elle vit pieusement agenouillée sur son sol toute la population d'Arras, qui, comme une expiation, plaça sur ses ruines le calvaire de la mission. Quelques années plus tard, un saint prêtre achevait cette œuvre de réparation, et les chants des fidèles retentissent encore à l'endroit où saint Vaast s'est si souvent humilié pour obtenir la conversion des peuples de ces contrées.

Mais le zèle de Védaste était trop ardent pour se renfermer dans les murailles étroites de la ville d'Arras ; si les farouches violences de Ragnacaire de Cambrai arrêtèrent ses prédications, nous le voyons cependant conquérir à la vraie foi les pays qui devaient plus tard former les provinces artésiennes. De pieuses traditions nous le montrent à Catorive, à Beuvry, à Estaires (l'antique *Miniacum*), partout, en un mot, où il y avait des populations agglomérées. Les historiens sont unanimes à louer le zèle avec lequel il se préoccupait des besoins des fidèles, envoyait des prêtres et des diacres pour étendre les conquêtes spirituelles et consacrer les églises. Il se rendit lui-même partout où une croix était dressée au nom du Seigneur. Nous avons à regretter qu'au milieu des tumultes de la guerre, des hostilités continuelles, des scènes de meurtres et de pillage, les chroniqueurs n'aient point conservé le souvenir des prédications de l'apôtre de nos contrées : ils se sont contentés de constater sa charité envers les pauvres, son respect pour la vieillesse, sa soumission à l'autorité, la pureté de ses mœurs, la régularité de ses habitudes, son aménité dans les relations, de telle sorte que, selon l'expression de l'Apôtre, il était tout à tous.

Cependant Clovis, à l'exemple de ces princes qui trop souvent ne sont que les instruments aveugles de la Providence, agrandissait son royaume, et, confiant dans le clergé qui représentait la partie la plus éclairée et la plus morale des populations gauloises, lui laissait affermir le triomphe de la foi. L'arianisme avait été vaincu dans le Midi ; mais le Nord gémissait des violences et de la barbarie des princes francs. Clovis, dans la conquête des Gaules, n'avait dû qu'à sa valeur le titre de roi, et il avait conduit à la victoire les bandes militaires des autres tribus franques. Les chefs avaient conservé leur autorité et s'étaient réservé des territoires indépendants. C'est ainsi que Chavaric à Thérouanne, Ragnacaire à Cambrai, arrêtaient les efforts de Védaste et paralysaient les effets de son zèle. Quoique parent de Clovis, Chavaric ne l'avait pas toujours soutenu ; et, notamment dans la guerre contre Syagrius, le barbare était resté paisible spectateur de la lutte, attendant le résultat pour prendre un parti. Ce fut le prétexte que choisit Clovis pour se débarrasser de ce dangereux voisin ; et bientôt Chavaric enchaîné avait les cheveux coupés et était enfermé après avoir reçu la prêtrise. Le barbare pleurait sur son humiliation ; mais son fils, lui montrant son calme pour exemple, lui répondit : « Ces branches ont été coupées d'un arbre vert et vivant ; il ne sèchera pas, et il en poussera rapidement de nouvelles. Plaise à Dieu que celui qui a fait ces choses ne tarde pas longtemps à mourir ! » Ces imprudentes paroles furent entendues par des courtisans de Clovis, et le roi franc, craignant de trouver un vengeur dans ce jeune prince, lui fit trancher la tête. Chavaric avait reçu la prêtrise : on doit donc en conclure qu'il était chrétien, et qu'il se contentait de donner asile dans ses états aux derniers partisans du paganisme.

Il n'en était pas de même de Ragnacaire de Cambrai. Ce farouche barbare avait accepté la civilisation romaine, mais seulement dans son luxe, ses orgies et ses débauches. Il apportait au plaisir les passions violentes du Germain, et ses courtisans s'étaient attachés à y donner les raffinements les plus complets : c'est ainsi qu'ils assuraient leur pouvoir et que le chef était attaché par ce lien honteux. Parmi eux se distinguait Faron, qui, en peu de temps, était parvenu à une intimité telle que les mets les plus exquis, les présents les plus riches étaient, selon l'expression de Ragnacaire, pour lui et pour son Faron. On comprend avec quelle énergie le ministre tout-puissant dut repousser les prédications chrétiennes, et on s'explique la protection intéressée qu'il accordait aux sectateurs du paganisme. Mais, d'un autre côté, les Francs s'indignaient de voir leur chef soumis à l'influence des vaincus; les mœurs élégantes et faciles des gallo-romains les blessaient, et ils leur préféraient ou la chasse dans les giboyeuses forêts de l'Escaut, ou les incursions dans des pays voisins d'où ils rapportaient de l'or et des vases précieux. La trahison des leudes est trop connue pour avoir besoin d'être rappelée; on sait comment Ragnacaire, trompé jusqu'au dernier moment, fut enchaîné et conduit devant Clovis, comment le roi franc lui abattit la tête pour lui faire expier le déshonneur qu'il imprimait à sa race, comment les présents qui devaient récompenser les traîtres étaient en cuivre, et la fermeté avec laquelle le mari de Clotilde dut faire respecter son autorité. Après la mort de Ragnacaire, Védaste put étendre ses prédications sur tout le territoire occupé autrefois par les Nerviens, et bientôt de nombreuses conversions récompensèrent son zèle et ses efforts. La ville de Cambrai surtout se signala par son dévouement religieux, et la piété des habitants, leur amour pour la vraie foi, devaient valoir à cette cité l'honneur d'être pendant bien des siècles la résidence de l'évêque.

La mort de Clovis n'apporta aucun changement dans la position de Védaste. Ses quatre fils divisèrent ses domaines, s'inquiétant moins de leur importance politique que de la valeur des revenus, et les cités d'Arras et de Cambrai furent le partage de Clotaire, roi de Soissons. Ce prince était emporté et cruel; son ambition le porta à rougir ses mains dans le sang de ses neveux; il s'abandonnait avec une grande violence au plaisir et profitait de sa puissance pour se livrer à ses penchants avec impunité; mais s'il avait les passions des barbares, il devait à sa mère, sainte Clotilde, le sentiment de l'influence religieuse, et il protégeait plutôt les évêques qu'il ne leur était hostile. Védaste, quoiqu'il préférât au luxe des cours les charges de son épiscopat, l'étude et la charité, eut des rapports avec Clotaire ; il espérait adoucir ce caractère farouche et, en l'instruisant mieux des vérités de la religion chrétienne, le disposer à mieux en remplir les devoirs.

Sous le règne de ce prince, les Francs, s'initiant de plus en plus aux institutions et aux habitudes romaines, perdaient de leur humeur guerrière, et ils passaient de longs jours en festins bruyants et en orgies abrutissantes. C'était un besoin, un luxe indispensable ; la cervoise, cette boisson fermentée dont la bière nous rappelle le souvenir, coulait à flots, et souvent, après un festin où rien n'avait été ménagé, les convives ne pouvaient supporter leur corps affaibli par l'ivresse.

Ocine, un des principaux leudes ou seigneurs du pays, et qui avait beaucoup de respect pour Védaste, se distinguait par sa magnificence dans les festins et par ses libéralités. Un jour qu'il devait recevoir Clotaire à sa table, il fit une invitation pressante au saint évêque pour qu'il y assistât avec le roi. Védaste, inspiré de Dieu et désireux de mettre fin à d'aussi scandaleuses coutumes, se rendit au désir d'Ocine.

Selon son habitude, il fit, en pénétrant dans la salle, le signe de la croix, et les vases remplis de cervoise se rompirent. Effrayés de ce prodige, Clotaire et les seigneurs de sa suite en demandèrent l'explication à Védaste; il leur répondit que le démon subtil à tromper les hommes s'y était renfermé, mais que ne pouvant supporter le signe de la puissance de Dieu, il avait dû fuir honteusement, et qu'il avait abondonné cette maison tandis que la liqueur se répandait.

A cette époque, et pendant longtemps encore, les chrétiens avaient recours à des cérémonies superstitieuses et occultes : ils consultaient les augures, croyaient aux charmes et quelquefois même payaient de fortes sommes d'argent pour se venger de leurs ennemis par des enchantements. Ce miracle, qui eut lieu en présence des plus illustres seigneurs de la Gaule franque, montra la vanité de ces formules, la grandeur d'un Dieu qui accorde un semblable pouvoir à son serviteur, et ramena à la pureté de la foi un grand nombre de personnes présentes. Le bruit s'en répandit aussi dans le pays et y augmenta le nombre des conversions.

CHAPITRE IV

Mort de saint Vaast.

Pendant quarante ans, Védaste fit entendre sa voix éloquente et persuasive aux Atrébates et au peuple des environs de Cambrai. Dans tous les points de son vaste diocèse, on célébrait les louanges de Dieu; les jours saints étaient strictement observés, et la prière montait au ciel comme un pur encens. Dans ces contrées si longtemps troublées par les dissensions, la guerre et les discordes civiles, régnaient le calme, la modération et la paix; saint Vaast pouvait se dire que son épiscopat n'avait point été stérile, et remettre avec confiance à ses successeurs le soin d'affermir et de consolider son œuvre. Il n'avait rien négligé pour en assurer le succès, ni les rapports avec les plus puissants du siècle, ni la charité à l'égard des pauvres, ni les prédications multipliées. Il avait formé une puissante milice que n'effrayaient ni les fatigues ni les privations, qui, sous ses yeux vigilants, se formait à la vertu par la prière, l'étude et la méditation, et qui, à l'exemple du prélat, se montrait prête à porter la foi jusqu'aux limites les plus éloignées de ce vaste diocèse.

Védaste avait élevé un oratoire sur les rives du Crinchon, à l'endroit même où l'on devait plus tard construire l'église placée sous son vocable. Il aimait à s'y retirer pendant de longues journées, à s'entretenir avec les jeunes lévites qu'il préparait au service du Seigneur, à reprendre des études trop souvent interrompues par les soucis et les agitations d'une vie si saintement remplie. On dit même qu'il y forma le noyau d'une communauté ; mais ce fait n'est affirmé par aucun auteur contemporain. N'avait-il point d'ailleurs, dans sa cathédrale, des chanoines distingués par leur science, la pureté de leur vie, le dévouement aux pauvres, précieux auxiliaires dont il aimait à s'entourer ? Selon toute vraisemblance, l'oratoire élevé près du Crinchon était un lieu de retraite, de repos pour le prélat, de préparation pour les disciples.

Toutefois Védaste trouvait dans l'affection de saint Remi, archevêque de Reims, de précieux encouragements et une douce sympathie. Ce vertueux primat travaillait sans cesse à détruire l'idolâtrie et l'arianisme, et il excitait le zèle de ceux qu'il s'était choisis comme collaborateurs. Nous n'avons pas à parler ici de l'arianisme, qui ne put jamais pénétrer en Artois ; et quant à l'idolâtrie, on sait avec quelle énergie Védaste sut la combattre. Quelques auteurs ont prétendu que l'évêque d'Arras fut présent à un concile tenu à Vienne sous Mamert II, et qu'il aurait été chargé d'y remplacer Remi ; toutefois, il ne faut voir dans cette allégation qu'une preuve des bons rapports qui existaient entre les deux dignitaires ecclésiastiques ; car Henschenius a démontré de la manière la plus péremptoire l'erreur de chronologie commise par les auteurs qui l'ont rapportée. Si Védaste a été envoyé par Remi à un concile, ce ne peut être qu'à celui d'Orléans, en 511, qui prescrivit les rogations ; mais une partie des actes de cette assemblée est égarée, et l'on ne peut vérifier cette assertion.

S. Remi était arrivé à l'âge de quatre-vingt-quatorze ans ; il avait puissamment affermi la foi chrétienne, fondé des églises, enrichi les monastères, converti des ariens et des idolâtres, et guidé Clovis de ses conseils. Avant de quitter cette terre, il résolut de consigner ses dernières volontés, et il écrivit un testament témoin de sa piété et de ses libéralités. L'Eglise d'Arras y eut part, car il lui abandonna les villages de Souchez et d'Ourton, et en outre vingt sous d'or. Védaste figure parmi ceux qui ont signé cet acte important; son nom vient après celui de saint Remi, et voici la formule dont il se sert : « Ceux qu'a maudits mon père Remi, je les maudis; ceux qu'il a bénis, je les bénis. J'ai assisté à la lecture de cet écrit, et j'y ai apposé ma signature. »

On a prétendu que le testament de Remi était apocryphe; d'autres veulent que rédigé postérieurement, il ait subi des interpolations. Ce n'est pas le lieu de discuter cette question historique. On nous permettra toutefois de faire remarquer que, de temps pour ainsi dire immémorial, les terres d'Ourton et de Souchez appartenaient à la cathédrale d'Arras, qui en a joui jusqu'à la fin du siècle dernier. D'ailleurs, on connaît deux rédactions de testament de saint Remi, et l'une d'elles mérite, selon l'expression du savant jésuite Henschenius, autant de confiance que de vénération.

Védaste était mûr pour le ciel. Son corps s'était affaibli sous le poids de l'âge et des fatigues. Son âme s'était épurée par quarante années d'un épiscopat fécond en vertus et en actions généreuses. Dieu permit que Védaste s'éteignît dans cette cité d'Arras pour laquelle il avait tout fait. Une fièvre ardente le dévorait, et ses serviteurs refusaient de croire que sa fin fût prochaine. Dans une froide nuit d'hiver, au moment où le givre couvre la terre et que les étoiles scintillent au ciel, une nuée lumineuse parut sortir de la maison qu'habitait le prélat, et s'éleva jusqu'au ciel. Ce prodige dura deux heures; il fut aperçu de la ville entière et la plongea dans une grande perplexité. Les serviteurs de Védaste vinrent le prévenir ; le pieux confesseur ne se fit point illusion : il comprit qu'il n'avait plus que peu de temps à passer sur la terre, et la joie qu'il en ressentit fut diminuée par la pensée que sa mort ferait verser des larmes à ceux qui l'aimaient. Il résolut de consacrer à la prière les derniers instants que lui laissait le Seigneur. Il fit venir les prêtres qui avaient été les fidèles compagnons de ses fatigues, ceux qui devaient continuer sa mission, en un mot tous ceux à qui il portait une affection paternelle et que le chroniqueur se plaît à nommer ses enfants. Il les entretint d'une voix ferme, avec cette éloquence qui prend sa source dans le cœur et que double encore l'impression d'une séparation prochaine. Fortifié par le Viatique, déjà pour ainsi dire détaché de la terre, il trouvait des accents qui arrachaient les larmes de tous les auditeurs. C'est ainsi qu'il termina doucement sa vie et s'endormit paisiblement dans le Seigneur, le 6 février 540. On prétendit qu'au moment où son âme s'élevait au ciel, un bruit distinct comme celui du chœur des anges remplit l'appartement et prouva que Védaste était déjà en possession du bonheur éternel.

Dieu voulut que la mort du saint pût encore servir d'enseignement à cette société orgueilleuse attachée aux biens de la terre, en proie à l'ambition et à l'amour des grandeurs. Des prêtres et des diacres étaient venus des diverses parties du diocèse pour rendre à l'apôtre les derniers devoirs, de toutes parts la foule était accourue, et la cité d'Arras suffisait à peine à contenir ceux qui venaient prier sur cette tombe. Védaste était exposé dans la chambre où il avait rendu le dernier soupir, et le peuple était admis à contempler ses traits qui rappelaient la sérénité de son âme.

Lorsque le moment fut venu de rendre à la terre ces dépouilles mortelles, on résolut d'un commun accord de le déposer dans l'église de Notre-Dame, qu'il avait élevée et qu'il avait enrichie. Mais quelque effort que l'on fît, on ne put soulever le corps. Le clergé comprit qu'un prodige seul pouvait arrêter les bras des porteurs, et l'on chercha les causes qui l'avaient produit. Parmi les prêtres qui avaient vécu dans l'intimité de Védaste, se trouvait Scopilion, homme religieux, de mœurs pures et honnêtes, qui par ses vertus s'était élevé à la dignité d'archiprêtre. On lui demanda si Védaste n'avait point manifesté quelque désir relativement au lieu de sa sépulture. Scopilion répondit que souvent il lui avait entendu dire que nul ne devait être enterré dans l'intérieur de la ville, car toute cité doit être le lieu des vivants et non l'habitation des morts; que sa modestie l'avait porté à choisir pour sa sépulture l'oratoire élevé sur la rive du Crinchon. Toutes les personnes présentes protestèrent, jugeant que ses vertus étaient trop éminentes pour qu'on le déposât ainsi dans un lieu obscur et qui n'était point accessible à tout le monde. A cette époque, en effet, les rives du Crinchon étaient couvertes de marais que l'on traversait avec peine. L'assistance s'agenouilla, et au milieu des larmes et des sanglots, Scopilion s'écria : « Hélas! ô bienheureux père! quelle conduite voulez-vous que je tienne? car le jour est sur son déclin, et le soir approche. La foule qui s'est rendue à vos funérailles a hâte de retourner; permettez, je vous en supplie, que votre corps soit déposé dans le lieu préparé par les soins de vos enfants. » Alors les porteurs enlevèrent sans difficulté la bière, et le corps de saint Vaast fut déposé avec honneur à l'endroit même où se trouvait son siége pontifical dans les cérémonies publiques. Quant aux habitants d'Arras, ils manifestèrent leur joie d'un prodige qui leur permettait de conserver ces saintes reliques. Ils y voyaient un palladium pour la sûreté de leur cité, et ils pensaient surtout que le souvenir du prélat les maintiendrait dans la voie qu'il leur avait tracée.

Quelque temps plus tard, un incendie éclata à Arras; il menaçait de dévorer une partie de la ville. Déjà les flammes entouraient la modeste demeure où était mort saint Védaste. Une femme nommée Abite, connue par sa piété et la pureté de ses mœurs, invoqua le nom du prélat; elle le vit apparaître et écarter les flammes. Ce qu'il y a de certain, c'est que non-seulement l'appartement de Védaste, mais le lit même où il avait rendu le dernier soupir, furent épargnés. Ce nouveau prodige ne fit qu'augmenter la piété des habitants envers le saint prêtre qui leur avait rendu tant de services.

Résumons rapidement cette vie de dévouement et de générosité apostolique. Consacré dès sa jeunesse à la prédication, Védaste brille par sa charité et sa modestie. C'est en vain qu'il devient confident d'un grand roi, que Dieu lui donne la puissance des miracles ; il fuit les honneurs, et les chroniqueurs eux-mêmes ne mentionnent que fugitivement ces travaux prolongés qui permettent à Remi de baptiser en un jour trois mille guerriers de l'armée franque. Appelé sur les bords de l'Escaut par des nations qu'avaient aigries des malheurs successifs dans un territoire ravagé par les invasions des barbares, Védaste fait triompher la foi chrétienne ; ses prédications sont couronnées de succès, l'autorité de l'Eglise est affermie, et si des martyrs scellent de leur sang leurs prédications, on recueillera leurs ossements, et on les déposera honorablement dans les temples voisins, dont les fondements ont été jetés par Védaste ou par ses successeurs. C'est en vain que les églises d'Arras et de Cambrai se désuniront ; elles rivaliseront de zèle et de dévouement pour le service du Seigneur, de charité pour les pauvres ; de puissantes abbayes s'y formeront ; la civilisation recevra ses développements ; ces forêts profondes, ces marais insalubres, ces terres arides vont se couvrir de moissons, et la croix du Seigneur rappellera partout la puissance de la religion prêchée par Védaste. Bien plus, les siéges qu'il occupa fourniront aux annales de l'Eglise des cardinaux, des papes même, tandis que la piété des fidèles vénérera la mémoire de ceux qui par leurs vertus se sont élevés à la sainteté.

SAINT OMER

SAINT BERTIN

Après l'apôtre d'Arras, viennent se placer, dans l'ordre des temps, saint Omer, évêque de Thérouanne, et saint Bertin, fondateur et premier abbé de la célèbre abbaye qui porte son nom.

La vie de ces deux illustres missionnaires, qui ont évangélisé les mêmes contrées, excitera dans les cœurs des fidèles les mêmes sentiments d'admiration et de reconnaissance : d'admiration pour les vertus éminentes de ces deux grands serviteurs de Dieu ; de reconnaissance pour le Seigneur, qui suscite à chaque nation et à chaque siècle des hommes apostoliques, messagers de la bonne nouvelle, et appelés à civiliser les peuples par la prédication de l'Evangile.

S. OMER

ÉVÊQUE DE THÉROUANNE

Saint Omer, qui a donné son nom à une ville importante, dont le culte a pris un si grand accroissement depuis douze siècles, est une des gloires de la chrétienté, et en particulier de l'Artois, qu'il a évangélisé avec tant de succès.

On ne peut fixer d'une manière précise la date de sa naissance; ce fut vers les dernières années du sixième siècle. Il était fils unique de Friulphe et de Domitille, tous deux d'une famille noble et puissante qui possédait des biens considérables sur le territoire de Constance, près du lac de ce nom. Omer naquit dans un lieu nommé Guldenlage (Val-d'or).

Friulphe et Domitille étaient de fervents chrétiens, et ne se servaient de leurs richesses que pour répandre des bienfaits et travailler à la gloire de Dieu. Pleins de reconnaissance pour les faveurs qu'ils avaient reçues du Ciel, ils prirent le plus grand soin de l'éducation de leur fils, s'appliquant surtout à lui inspirer le goût de la piété et l'amour de la vertu. L'étude des belles-lettres ne fut pas négligée ; mais, avec la vigilance de parents véritablement chrétiens, ils écartaient tout ce que les auteurs profanes pouvaient avoir de dangereux pour un jeune cœur, et ils faisaient toujours prédominer, dans l'éducation de leur jeune fils, les saintes maximes du christianisme.

L'enfant de bénédiction répondait dignement à tant de sollicitude et faisait la gloire et la joie de ses dignes parents. La paix qu'apporte la religion lorsqu'elle est comprise et pratiquée, régnait dans cette heureuse famille, lorsqu'une épreuve bien sensible vint changer la face des choses.

Domitille fut enlevée aux siens au moment où elle voyait avec une extrême consolation son fils répondre à toutes ses espérances. Sa mort fut celle d'une femme chrétienne qui, aux jours de la prospérité, a pensé à l'heure suprême, et qui s'est disposée, avec une sage prévoyance, à rendre ses comptes au souverain Juge.

Cet événement fit une profonde impression sur Omer, âgé alors d'environ vingt ans; il lui révéla plus vivement encore le néant des choses de la terre, et fit naître en lui la résolution de se détacher entièrement du monde.

L'abbaye de Luxeuil, située dans cette partie de la Bourgogne que l'on appelle aujourd'hui la Franche-Comté, était alors en grande réputation, et on la citait comme une maison de prière et de régularité où la vie monastique était observée dans toute sa perfection. Elle avait rendu d'insignes services à l'Eglise, et un grand nombre de missionnaires, comme des essaims qui quittent la ruche, avaient pris de là leur essor pour aller répandre la foi chrétienne dans les pays infidèles.

C'est vers cette sainte retraite de Luxeuil que le jeune Omer se sentit attiré. Mais il était fils unique : pouvait-il abandonner son père, dans un moment surtout où la perte récente de sa mère laissait Friulphe dans un isolement absolu et sous le poids d'une amère douleur ?

Lorsque Dieu suggère une pensée aux âmes d'élite qu'il appelle à lui, il sait aplanir les difficultés qui s'opposent à l'exécution de ses desseins, et il dispose, suivant sa parole, avec force et avec douceur, les événements qui doivent amener l'accomplissement des plans de sa providence. Omer répandait son âme devant les saints autels et conjurait son divin Maître de lever lui-même les obstacles qui l'arrêtaient dans sa résolution de se consacrer entièrement à lui ; la nuit et le jour la pensée de sa vocation le préoccupait ; elle lui paraissait incontestablement venir du Ciel, et il dirigeait vers ce but unique toutes ses actions, toutes ses prières, toutes ses bonnes œuvres.

Le Seigneur ne tarda pas à récompenser le zèle et la constance de son fidèle serviteur. Friulphe était un chrétien consommé dans l'exercice des vertus ; il avait toujours montré un grand détachement des richesses ; et lorsqu'il eut connaissance des projets de son fils, non-seulement il n'y mit pas obstacle, mais il se montra disposé à suivre son exemple. Les discours d'Omer, auxquels Dieu attachait une grâce particulière, achevèrent l'œuvre commencée. Friulphe distribua tous ses biens aux pauvres, et, comme quelques siècles après le père du célèbre abbé de Clairvaux, il quitta le pays de ses aïeux et suivit son fils dans la solitude.

Le monastère de Luxeuil était, à cette époque, gouverné par saint Eustase, qui avait succédé à saint Colomban. Sous la conduite de ce grand serviteur de Dieu, plus de six cents moines pratiquaient, au degré le plus éminent, l'humilité, le renoncement, la mortification, et remplissaient, dans leur désert, les fonctions et le ministère des anges.

Friulphe et Omer furent reçus avec joie par le saint abbé. « Morts au monde et ne vivant plus que pour Dieu, pauvres des biens périssables et riches des biens éternels, unis par les mêmes liens et les mêmes sentiments, quoique d'âges différents, ils venaient prendre leur place dans la milice de Jésus-Christ. »

Le père et le fils y trouvèrent ce que leur cœur cherchait. En peu de temps, Omer fit de nouveaux progrès dans la sainteté, et sa vertu, aussi aimable que solide, le rendit bientôt cher à tous ses frères. Quoique d'un âge peu avancé, il était rempli de la grâce du Seigneur. Ferme dans la foi et dans l'observance de la règle, plein de charité envers les religieux, chaste d'esprit et de corps, humble et obéissant, instruit dans la science des choses divines, remarquable par son esprit de douceur et de bonté, et par son attrait pour la pénitence et la vie mortifiée, il offrait, dans sa personne, le modèle de la vie de Jésus-Christ.

Telle fut, pendant l'espace de vingt ans, la conduite de saint Omer dans la paisible solitude de Luxeuil; et c'est pendant ce temps qu'il vit son vénérable père mourir saintement dans la paix du Seigneur. Les historiens qui ont écrit la vie du saint évêque de Thérouanne, ne nous ont pas laissé de détails sur les derniers moments de Friulphe ; mais on peut comprendre combien un homme qui avait renoncé à toutes les richesses et à toutes les jouissances de la terre pour se consacrer uniquement au service de Dieu dut éprouver de consolation à l'heure suprême ; on peut comprendre de quelle pieuse sollicitude son fils si fervent et si dévoué dut l'entourer à ses derniers moments.

Cependant la réputation d'Omer s'étendait au loin. Malgré son amour pour la vie humble et cachée, son nom était connu par tout le royaume, où sa connaissance approfondie des saintes Ecritures, sa prudence et sa sainteté l'avaient rendu célèbre.

« Dieu, qui, à cette époque surtout, dit un de ses historiens, semblait abaisser des regards de miséricorde et d'amour sur les églises de la Gaule, envoyait de toutes parts de saints pontifes qui travaillaient avec une incomparable ardeur à la sanctification des âmes. Les églises de Cambrai et d'Arras étaient gouvernées par le doux et charitable saint Aubert, celle de Maestricht par saint Jean surnommé l'Agneau, celles de Tournai et de Noyon avaient pour pasteur le vénérable Achaire, formé aussi à la sainte école de Luxeuil. La seule église de Thérouanne restait toujours délaissée, et les Morins, n'entendant plus la voix des apôtres de la vérité, retournaient en foule à leurs erreurs et à leurs superstitions. Ce fut dans ces circonstances que Dieu fit naître dans le cœur de saint Achaire une pensée salutaire pour ces peuples malheureux. »

Le pontife, à qui son éminente vertu donnait une grande autorité auprès du roi Dagobert, pria ce monarque d'envoyer un nouveau pasteur vers les habitants de ces contrées, et en même temps il proposa Omer, dont il connaissait tout le mérite, comme l'homme de la Providence pour remplir cette belle mission. Le prince applaudit à ce choix, qui eut aussi l'approbation des évêques de tout le royaume.

Saint Omer ignorait dans sa retraite ce qui se préparait à la cour. Lorsqu'on vint lui annoncer qu'il était appelé à gouverner l'église de Thérouanne et qu'il fallait obéir sans délai, « Quelle différence, grand Dieu, s'écria-t-il, entre le port où je jouis du calme et de la paix, et cette mer orageuse où je suis jeté malgré moi et sans expérience. » On n'eut aucun égard à ses représentations, et on le conduisit aux évêques, qui lui donnèrent l'onction épiscopale vers la fin de l'année 637.

Le pays des Morins, ou la Morinie, faisait partie de la Gaule-Belgique, et s'étendait le long des côtes depuis Montreuil et Hesdin jusqu'à la frontière des Ménapiens, du côté de Nieuport. Ses principales villes étaient

Thérouanne, Boulogne[1], Wissant, Calais et Cassel; et après César, Saint-Omer, Aire, Dunkerque et Bergues.

Saint Fuscien et saint Victrice, compagnons de saint Denis, l'apôtre des Gaules, avaient pénétré jusque chez les Morins, que les anciens regardaient comme les habitants les plus éloignés du continent; ils prêchèrent la foi catholique à Thérouanne et y convertirent un certain nombre d'idolâtres. Saint Quentin avait ensuite évangélisé les mêmes peuples; puis, un siècle après, saint Victrice, évêque de Rouen. Les efforts des zélés missionnaires n'avaient pu encore y implanter la foi d'une manière durable, lorsque, au commencement du ve siècle, les irruptions des Vandales, des Suèves, des Alains, et bientôt après des Francs, dis-

[1] En latin *Gesoriacum*, *Portus Iccius*, *Portus ulterior*, *Castellum*. Les géographes ont beaucoup varié sur le *Portus Iccius*. Mais il paraît démontré que ce nom est applicable à Wisant, ou Witsand, composé de deux mots teutoniques qui signifient *sable blanc*.

persèrent cette Eglise naissante et la laissèrent sans guide. Les peuples retournèrent à leurs anciennes superstitions, retombèrent dans les pratiques du paganisme et dans la dissolution des mœurs qui en est la suite.

Clovis, après son baptême, seconda de tout son pouvoir les hommes de Dieu, que la Providence avait suscités pour l'entière conversion des Gaulois et des Francs, qui devaient bientôt former la nation française, à laquelle était réservé le beau titre de Fille aînée de l'Eglise. Saint Remi envoya vers les Morins deux prêtres zélés, nommés Antimond et Athalbert, qui travaillèrent avec beaucoup de dévouement à la conversion de ces peuples; leurs efforts ne furent pas couronnés de grands succès; seulement ils disposaient cette terre si longtemps ingrate à recevoir par une autre main les bénédictions du ciel, dont jusque-là elle n'avait pas voulu profiter.

Dès que saint Omer eût reçu l'onction épiscopale, il se rendit au milieu de son troupeau et commença avec ardeur la tâche si difficile que le Seigneur lui imposait. Aidé du secours de la grâce, il évangélisa, instruisit, catéchisa les Morins; il leur démontra l'absurdité des superstitions païennes, et les engagea, avec cet ascendant que donnent la foi et la confiance en Dieu, à élever l'étendard de la croix sur les ruines de leurs temples et de leurs idoles. Le petit nombre de ceux qui professaient le christianisme vivaient dans l'oubli des devoirs qu'impose notre sainte religion et dans l'ignorance des dogmes qu'elle enseigne. Le zélé pontife s'attacha surtout à ces brebis errantes, qui s'étaient échappées du bercail du bon Pasteur, mais qui au moins ne voulaient pas méconnaître absolument l'autorité de sa divine houlette. Il eut à vaincre beaucoup de préjugés, de préventions et de mauvaise volonté;

mais sa constance, sa charité, son zèle triomphèrent peu à peu de tous les obstacles et finirent par dompter les cœurs les plus rebelles.

Après quelques années d'un apostolat aussi laborieux que fécond, la Morinie changea de face. La ville de Thérouanne présenta un aspect tout nouveau et bien consolant pour le cœur de son saint évêque; le diocèse tout entier fut docile à sa voix, répondit à ses soins et, suivant la parole d'un des plus exacts écrivains de la vie du saint, ne le céda à aucun des diocèses les plus florissants de la France.

« La sainteté de la vie du vénérable évêque, ajoute le même auteur, faisait encore plus d'impression que ses discours, quoiqu'ils fussent remplis d'un feu tout divin. Comment aurait-on refusé d'embrasser une religion qui faisait vaincre toutes les passions, qui élevait l'homme au-dessus de lui-même, qui lui inspirait une dévotion si tendre pour Dieu, qui le rendait si doux, si humble, si libéral envers tous ses semblables, sans distinction d'amis ou d'ennemis? Elle portait plusieurs des nouveaux convertis à sacrifier leur liberté pour la procurer aux autres, à nourrir les pauvres, à consoler les malades et les affligés, à réunir les esprits divisés, à servir le prochain sans autre vue que celle de procurer son salut et la gloire de Dieu. »

Toutes ces vertus formaient le caractère du saint évêque et de ceux qui travaillaient sous sa conduite. Omer se fit une loi de visiter souvent son diocèse et de séjourner quelque temps dans les lieux où sa présence était nécessaire, soit pour enseigner la doctrine chrétienne à ceux qui l'ignoraient, soit pour corriger les abus qui s'étaient introduits et que la coutume rendait difficiles à déraciner, soit pour établir solidement le règne de la foi et de la piété dans les cœurs.

Au nombre de ceux que le saint évêque gagna à la véritable religion, était un gentilhomme nommé Adroald, dont le manoir seigneurial était situé à Ascio, qu'on croit être le village d'Aix, entre Pernes et Saint-Pol. Ce leude opulent et redouté possédait des terres très-considérables, qui étaient les fruits de la conquête ou du brigandage. Omer, revêtu de la force d'en haut, et de l'intrépidité avec laquelle le pape saint Léon et saint Loup, évêque de Troyes, se présentèrent devant le farouche roi des Huns, aborda le guerrier franc et lui parla avec la sainte liberté d'un envoyé de Dieu. Adroald subit l'ascendant du caractère sacré du pontife; il écouta sa parole avec docilité, s'humilia devant le Seigneur et devant son ministre, et renonça pour toujours au culte des idoles et aux violences qui l'avaient rendu la terreur du pays. Avec cette généreuse ferveur qu'avaient toujours les barbares lorsque la grâce touchait leur âme, il fut transformé en homme nouveau; et, dès qu'il connut la divine loi de l'Evangile, il consacra son temps, son autorité et ses richesses à la propagation de la vérité. Comme il n'avait pas d'enfants et qu'il voulait perpétuer ses bienfaits après sa mort pour la gloire de Dieu et le soulagement des pauvres, il fit donation à saint Omer de son domaine de Sithiu.

Cette terre, éloignée de Thérouanne d'environ huit lieues, plaisait beaucoup au serviteur de Dieu; elle était très-solitaire et prêtait singulièrement au recueillement et à la méditation. Il y fit bâtir une église ou plutôt un oratoire, qu'il dédia à saint Martin l'apôtre des Gaules, pour lequel il avait une grande dévotion.

En 639, l'abbé de Luxeuil, sur les instances du saint évêque, lui avait envoyé trois excellents coopérateurs, Bertin, Mommolin et Ebertran. Omer les établit d'abord dans un monastère qui était sur le haut de la montagne où fut depuis construite l'église de Saint-Mommolin, à une lieue environ de Sithiu. Des diverses contrées des Gaules, un grand nombre de fervents disciples vinrent se placer sous la conduite des fervents religieux; et après huit années, les pieux fondateurs de cette sainte retraite songèrent à établir une nouvelle maison sur un emplacement plus vaste.

Dans cette vue, Bertin partit avec deux de ses compagnons. Comme le pays était couvert de marais, ils montèrent une petite barque et naviguèrent sur l'Aa en chantant des psaumes à la gloire du Dieu tout-puissant. Lorsqu'ils furent arrivés à ce verset du psaume 131 : « C'est ici le lieu de mon repos, je l'ai choisi pour y faire ma demeure, » ils s'arrêtèrent. Ils étaient arrivés dans des marais inhabitables, où s'élève aujourd'hui la ville de Saint-Omer.

Ce lieu leur parut propre à fonder l'établissement qu'ils projetaient; et tandis que sur la petite colline qui domine ces marais, le saint évêque avait élevé une église à la Mère de Dieu, les fervents religieux jetèrent, non loin de là, avec son agrément et son approbation, les fondements d'un monastère et d'une église qu'ils consacrèrent sous l'invocation de saint Pierre, comme l'avait stipulé Adroald.

Saint Mommolin fut le premier abbé de ce monastère naissant; mais son mérite éminent le fit nommer bientôt à l'évêché de Noyon et de Tournai, qui était devenu vacant par la mort de l'illustre saint Eloi. Ebertran fut appelé de son côté à gouverner l'abbaye de Saint-Quentin en Vermandois; et saint Omer chargea de la direction de l'abbaye de Sithiu, saint Bertin, dont les conseils, les exemples et les travaux apostoliques lui avaient été et lui furent dans la suite d'un grand secours pour l'établissement du règne de Jésus-Christ.

Boulogne, renommé pour son port dès le temps de César, faisait partie du diocèse de Thérouanne. La tradition rapporte qu'une église y avait été construite par sainte Hélène, mère de Constantin, sur l'emplacement d'un ancien temple païen, mais que Julien l'Apostat, durant son séjour dans les Gaules, l'avait fait rendre à son ancienne destination. Saint Omer alla réveiller la foi dans ces contrées d'où elle avait presque complètement disparu, et il eut la consolation d'y fonder une nouvelle église, qu'il plaça sous l'invocation de saint Martin.

Le pieux évêque parcourait ainsi tous les lieux confiés à sa sollicitude pastorale, semant de toutes parts la parole évangélique et recueillant avec abondance les fruits de salut. Lorsque ses forces épuisées réclamaient un peu de repos, il allait dans le nouveau monastère se délasser des fatigues de l'apostolat; il s'édifiait de la régularité et de la ferveur des religieux, en même temps que sa présence était pour tous une excitation à une vie plus parfaite encore. Dans cette solitude bénie, il passait une grande partie de son temps à l'église, et son cœur vraiment apostolique sollicitait avec ardeur les secours de la Reine du ciel sur toutes les entreprises que lui suggérait son zèle infatigable.

Il éprouva vers la fin de sa vie une consolation à laquelle il semblait ne devoir pas s'attendre. La virginité, cette vertu propre au christianisme et inconnue aux peuples francs, vint à apparaître sur cette terre sauvage, comme une fleur nouvelle qui allait bientôt s'y implanter et s'y multiplier.

« Austreberte, fille d'un grand seigneur, Badefroi, comte d'Hesdin et revêtu des plus hautes dignités de la cour de Childéric II, sentit dans son cœur, dès sa première jeunesse, un attrait puissant pour renoncer au monde et se consacrer entièrement à Jésus-

Christ. Elle était encore dans les années de l'adolescence, lorsque ses parents jugèrent bon de lui proposer une alliance d'ailleurs très-honorable et assortie à leur condition; ils prirent même en son nom, malgré qu'ils fussent eux-mêmes distingués par leur piété et par leur charité, des engagements positifs pour un mariage prochain.

Austreberte, informée de ce dessein, en conçut une vive douleur, et dans la crainte que la violence ne la contraignît à un acte que sa volonté repoussait, elle résolut de s'éloigner de la maison paternelle, pour ne point consentir à son union avec le noble et puissant seigneur auquel on la destinait. Ayant donc pris avec elle son plus jeune frère, qui était encore en bas âge, elle se dirigea avec lui vers la ville de Thérouanne. Rien ne put l'arrêter dans sa marche, ni les fatigues du chemin, ni les débordements des eaux. Fortifiée par sa foi et par son amour de Dieu, elle traverse hardiment, avec son frère qu'elle rassura elle-même, un pont déjà couvert par les flots, et arrive enfin dans la cité épiscopale. Là, elle se jette aux genoux de saint Omer et lui expose avec une confiance toute filiale les désirs de son cœur et l'opposition qu'elle rencontre au sein de sa famille ; elle lui demande ensuite de la recevoir au nombre des épouses dévouées de Jésus-Christ et de placer sur sa tête le voile sacré des vierges.

Le vénérable pontife, touché de ce langage et de ces sentiments si religieux, rassure la jeune Austreberte, et lui promet que Dieu, en qui elle se confie, ne permettra pas que ses espérances soient frustrées. Il l'interroge sur les dispositions les plus intimes de son cœur, sur les motifs qui ont déterminé sa résolution et qui lui font faire une démarche si grave et si importante. L'humble servante de Jésus-Christ répondit à toutes ces questions avec une sainte modestie et une imperturbable assurance. On voyait que sa détermination était fixe, et que depuis longtemps Jésus-Christ l'avait préparée par sa grâce à cette épreuve. Aussi saint Omer, devant toutes les manifestations de la volonté de Dieu, ne balança plus sur le parti qu'il devait prendre; et, pour se conformer aux intentions du ciel, il donna à la jeune vierge le voile sacré qu'elle avait tant désiré.

Le saint évêque ne se borna pas là. Afin de calmer l'inquiétude des parents et de les préparer à recevoir leur fille avec bonté et à lui accorder un consentement qui devait faire leur bonheur à tous, il se transporta aussitôt lui-même dans cette famille. Sa parole douce, bienveillante et religieuse eut promptement gagné tous les esprits.

Saint Omer rappela tout ce que la vierge Austreberte lui avait dit, les témoignages étonnants de la protection de Dieu sur elle, et les prodiges par lesquels il lui avait plu de la fortifier dans sa résolution.

Framechilde était une femme de la plus éminente vertu; Badefroi suivait dignement ses traces, et faisait comme elle bénir son nom par des œuvres de charité et de bonté. Toutefois les affections naturelles de la famille sont si profondes et si vives dans leurs cœurs, qu'il faut peu s'étonner de la résistance que rencontraient alors les vœux si peu connus d'une virginité perpétuelle.

D'un autre côté le langage de la foi était puissant sur ces âmes énergiques des barbares lorsqu'ils embrassaient généreusement le christianisme; et, malgré les frémissements intérieurs d'une nature encore peu habituée aux sacrifices qu'inspire l'Evangile, il était rare, comme nous l'avons vu dans la conversion d'Adroald, qu'ils ne cédassent pas à l'ascendant des serviteurs de Dieu, leur parlant au nom du ciel.

Ce spectacle s'offrit encore en cette circonstance. A la vue de saint Omer et en entendant ses paroles, les esprits se calmèrent, et les cœurs retrouvèrent pour Austreberte les témoignages de leur première affection. Le père et la mère embrassèrent leur fille chérie ; les frères, leur sœur et tous ensemble glorifièrent le Seigneur sous les yeux du pontife, qui s'unit, dans la joie de son âme, aux sentiments de cette religieuse famille.

Austreberte devint par la suite abbesse de Pavilly, et est honorée dans l'Eglise le dix de février. Sa fête ce célébrait avec solennité à Saint-Omer et à Rouen [1]. »

Plus le vénérable évêque de Thérouanne avançait en âge, plus la réputation de son mérite et de sa sainteté s'étendait au loin. Saint Ouen, archevêque de Rouen, qui l'avait connu à la cour du roi des Francs, avait particulièrement pour lui une profonde estime.

M. l'abbé Destombes, *Vie de sainte Austreberte.*

Il lui en donna une preuve signalée en lui adressant Vandrille, seigneur de la cour du roi Dagobert, et proche parent de Pépin de Landen, maire du palais.

Vandrille, quoique placé au faîte des honneurs, était si vivement touché de la grâce, qu'il vivait au milieu du monde et des dignités avec le même recueillement que s'il fût dans le désert. Il aspirait néanmoins à mener une vie plus parfaite encore et à se consacrer entièrement à Dieu.

Préoccupé de cette pensée, il quitta la cour et toutes les charges qu'il y exerçait, et se retira à l'abbaye de Montfaucon en Champagne. Dagobert, qu'il n'avait pas consulté, l'obligea de revenir près de lui; mais le généreux Vandrille lui parla avec tant de force et d'une manière si touchante, que le prince lui permit de suivre sa vocation, qui paraissait évidemment marquée du sceau divin.

Après un voyage à Rome, et plusieurs années de séjour dans les monastères les plus réguliers, Vandrille se présenta à saint Ouen pour recevoir les ordres sacrés. Celui-ci, soit par un sentiment d'humilité, soit pour donner un éclatant témoignage de son respect pour l'évêque de Thérouanne, lui adressa le fervent religieux, et le pria de conférer lui-même le sacerdoce à cet homme illustre, plus vénérable encore par ses vertus que par sa naissance.

Omer reçut, comme il le méritait, cette nouvelle conquête de l'Eglise, qui devait en devenir un des plus beaux ornements; et après s'être édifié de ses saintes dispositions, il le revêtit du caractère sacré des apôtres du Seigneur. Vandrille devint ensuite le fondateur du monastère de Fontenelle en Normandie, si célèbre dans l'histoire religieuse de cette contrée et qui devint une pépinière de saints.

L'âge, les fatigues, les infirmités ne pouvaient refroidir le zèle du vénérable pontife. Dans ces temps reculés où les moyens de transport étaient si difficiles et si peu multipliés, il etait presque constamment en voyage. Partout où il croyait sa présence utile à ses ouailles, il se rendait avec un saint empressement, ne s'épargnant en aucune manière dans ses courses apostoliques.

Une épreuve bien sensible vint accroître ses mérites devant le Seigneur, et donner un nouveau témoignage de la vivacité de sa foi et de sa résignation à la volonté divine. Sa vue s'affaiblissait peu à peu, et il finit par devenir entièrement aveugle. Il se soumit aussitôt à ce sacrifice, et n'y voulut trouver qu'une plus grande facilité à vivre dans le recueillement et à vaquer à la méditation des vérités éternelles.

Il évangélisait néanmoins son peuple et remplissait toujours avec la même ardeur les fonctions de son auguste ministère. C'était un beau spectacle que de voir cet illustre pontife avec sa couronne de cheveux blancs, avec ses yeux privés de la lumière des cieux, rompre la parole divine à ses enfants et leur faire entendre les vérités saintes, qui prenaient, pour ainsi dire, une autorité plus grande encore en passant par sa bouche. Omer néanmoins avait une trop haute idée de la sublimité de son ministère, et il connaissait trop bien l'étendue de ses devoirs de pasteur et de père, pour ne pas craindre de manquer de vigilance et de sollicitude dans l'exercice de ses fonctions épiscopales. Il supplia le Seigneur de le diriger dans le choix qu'il devait faire d'un coadjuteur qui pût lui venir en aide et porter une partie du fardeau qui lui était imposé.

Sa pensée s'arrêta sur un prêtre zélé, nommé Drausion, qu'il avait formé aux vertus apostoliques, et qui, après avoir dignement secondé le saint évêque, fut appelé par la suite à lui succéder.

Ce fut pour les dernières années de sa vie que Dieu ménagea au saint évêque une grande consolation. Saint Aubert, alors évêque d'Arras et de Cambrai, l'invita à venir dans cette première ville à l'occasion de la translation solennelle des reliques de saint Vaast. Omer se rendit avec empressement à cette invitation de son saint et vénérable ami ; et, malgré son âge avancé et sa cécité, il voulut assister à toutes les cérémonies de cette auguste solennité. « Or, rapportent plusieurs graves auteurs, il arriva que l'évêque de Thérouanne, qui suivait saint Aubert avec la marche incertaine d'un aveugle, recouvra tout à coup la vue, à l'endroit où fut depuis bâtie, en mémoire de ce prodige, une église dédiée à saint Aubert. Le saint vieillard, comme autrefois Zacharie, fit entendre un cantique d'actions de grâces, et remercia

Dieu de la faveur qu'il venait de lui accorder, pour la manifestation, devant tout le peuple, des mérites de son serviteur saint Vaast; mais en même temps, il pria le Seigneur de lui rendre son infirmité, qui lui permettait de se préparer avec plus de calme et de tranquillité à la mort.

De retour à Thérouanne, Omer voulut jusqu'à l'instant suprême continuer ses grandes fonctions de pasteur des âmes; il se remit en route pour visiter encore une fois ses ouailles chéries. Mais il dut bientôt s'arrêter. Il se trouvait à Wavrans, village peu éloigné de Saint-Omer, lorsqu'une fièvre ardente le saisit. Il comprit aussitôt que sa dernière heure approchait, et se levant de son lit il se fit conduire à l'église. Là, prosterné devant l'autel, il pria, dans le silence, avec ferveur et avec larmes, pour lui-même et pour les âmes confiées à ses soins. Puis il reçut avec une tendre piété le divin sacrement du corps et du sang de Notre-Seigneur Jésus-Christ.

Après être resté quelque temps plongé dans un profond recueillement, il adressa ses dernières instructions à ceux qui l'entouraient; puis, levant ses mains tremblantes pour les bénir, il dit : « Je prie, mes chers enfants, l'immense miséricorde du Tout-Puissant de me faire la grâce de vous voir tous heureux dans son royaume. » On le reporta ensuite dans son lit, où il continua à prier jusqu'au moment où il s'endormit dans le Seigneur, le 9 septembre de l'an 670, selon l'opinion la plus probable et la plus universelle.

Saint Omer, d'après les calculs les mieux appuyés, devait être âgé de plus de quatre-vingts ans. Il avait gouverné l'église de Thérouanne pendant l'espace d'environ trente-trois ans, et avait perdu la vue huit ans avant sa mort. Voici, d'après un manuscrit de la bibliothèque de Saint-Omer, qui renferme quatre miniatures coloriées avec un grand soin, quel était l'extérieur de l'apôtre de la Morinie :

« Il était d'une belle prestance, et son visage avait quelque chose de noble et de majestueux. Ses traits annonçaient plutôt la douceur que la gravité. Son front portait les caractères de la modestie et de la candeur. Quoiqu'un peu maigre, il avait un extérieur plein de grâce, surtout lorsqu'il était revêtu des ornements pontificaux [1]. »

Dès que saint Bertin eut appris la mort de son saint ami et de son père spirituel, il quitta son monastère avec ses religieux et se rendit à Thérouanne pour rendre à la dépouille vénérée de l'illustre pontife tous les honneurs de la sépulture.

[1] M. Piers, dans ses *Variétés historiques sur Saint-Omer*, fait la description de ce manuscrit et des quatre vignettes qu'il contient sur la vie de saint Omer. Les détails qu'il donne sur la figure et l'extérieur du saint évêque sont conformes à l'antique tradition.

De son vivant, saint Omer, toujours affectionné à l'abbaye de Sithiu et à l'église de Notre-Dame, avait exprimé le désir d'être enterré dans ce saint lieu. Au chant des hymnes et des psaumes, le dépôt sacré fut chargé sur les épaules des clercs et des prêtres, et transporté au milieu d'une foule avide de donner des témoignages de respect à son premier pasteur. Jusqu'à Sithiu ce ne fut qu'une procession solennelle, entourée de toutes les marques de vénération et d'amour de la part des peuples, de sorte qu'elle présentait plutôt l'aspect d'un triomphe que celui d'une cérémonie funèbre.

On invoquait avec confiance l'intercession du saint évêque ; on s'adressait à lui comme à un père plein de bonté, comme à un protecteur puissant auprès de Dieu, et des miracles éclatants vinrent attester la sainteté de l'apôtre de la Morinie.

La fête de saint Omer se célébra bientôt

dans tout le diocèse de Thérouanne et particulièrement à l'abbaye de Sithiu. Dans les calendriers et les bréviaires de Saint-Omer du dixième et du douzième siècle, on trouve, outre la fête du 9 septembre, une autre fête en l'honneur du saint le 1er novembre. Lorsque la fête de tous les Saints eut été adoptée dans ce diocèse, on n'en fit d'abord que mémoire, tout l'office étant du saint évêque; mais cette fête ayant été depuis élevée à un rit solennel, on en célèbre l'office avec mémoire de saint Omer [1].

« Le tombeau de saint Omer que l'on voit aujourd'hui dans la cathédrale de cette ville provient de l'ancienne cathédrale des Morins. Ornement de Thérouanne, c'est un des restes précieux de l'architecture gothique, échappés

[1] Voir Butler, *Vie de saint Omer*. Ce savant hagiographe donne sur les reliques du saint, à l'époque où il écrivait, des détails circonstanciés et très-exacts, ayant écrit cette vie pendant le séjour qu'il fit au collége anglais de la ville de Saint-Omer.

comme par miracle à la fureur des vandales modernes. Ce tombeau est formé d'un sarcophage sur lequel est placée la statue du saint, couché, suivant l'usage, et revêtu du costume et des insignes de l'épiscopat. Sur la face principale on lit l'inscription suivante : *Sepulcrum gloriosum B. P. Audomari.* Cette face est enrichie de bas-reliefs représentant les principaux événements de la vie du prélat [1]. »

Plusieurs vies de saint Omer ont été écrites dès les temps les plus reculés. La plus ancienne est authentique, mais n'est pas riche en détails. On n'en connaît pas l'auteur; les historiens les plus judicieux pensent qu'elle a été écrite cinquante ans après la mort du saint. Cette vie a été publiée par D. Mabillon. Une autre histoire a été écrite vers le IXe siècle; cette vie manuscrite se trouvait dans les archives de l'église cathé-

[1] Piers, *Variétés historiques sur la ville de Saint-Omer.*

drale; elle était suivie de deux autres vies plus abrégées et écrites en vers. D'autres manuscrits se trouvaient déposés dans la bibliothèque du chapitre et dans celle de l'abbaye de Saint-Bertin. Lés bollandistes, dans la notice qu'ils ont consacrée au saint en leur grand ouvrage, se sont servis du travail et des pièces que leur a communiqués D. Cléty. Parmi les modernes, Alban Butler a éclairci plusieurs des faits qui se rattachent à l'histoire de l'apôtre des Morins; et plus récemment encore M. Piers, bibliothécaire de la ville de Saint-Omer, et M. l'abbé Destombes, auteur des *Vies des saints des villes de Cambrai et d'Arras*, ont laissé des renseignements pleins d'intérêt sur ce grand saint et sur saint Bertin, son digne et zélé collaborateur.

S. BERTIN

ABBÉ

Saint Bertin était compatriote et parent de saint Omer. Issu comme lui d'une famille distinguée par sa naissance et par ses richesses, il ne sentit aucun attrait pour le monde, et, dès ses plus jeunes années, il n'aspira qu'au bonheur de vivre dans le recueillement et dans la pratique des vertus chrétiennes.

L'exemple de son jeune parent, Omer, qui avait tout quitté pour se retirer dans la solitude de Luxeuil, l'émut profondément et lui fit naître le désir de marcher sur ses traces. Il s'entretint de son pieux projet avec plusieurs de ses amis, et entre autres avec Mommolin et Ebertran, qui tous deux étaient aussi épris des charmes de la vie religieuse.

Les trois jeunes seigneurs s'animèrent mutuellement dans leurs saintes résolutions, et se rendirent ensemble à l'abbaye de Luxeuil, où ils se trouvèrent réunis à saint Omer, qui faisait déjà l'ornement et l'édification de cette maison, si célèbre à cette époque par sa ferveur et sa régularité.

Ils ne tardèrent pas à se montrer tous trois dignes de leur devancier; et Bertin, par son application et son recueillement, fit de rapides progrès dans la science de la perfection en même temps que dans la connaissance des saintes Ecritures. Lorsque saint Omer fut appelé à l'évêché de Thérouanne, les trois religieux se séparèrent avec peine de celui qu'ils regardaient comme leur père et leur modèle; mais soumis avec un entier abandon à la règle, ils se contentèrent de rester unis par la prière, et de solliciter les grâces d'en haut en faveur de l'œuvre difficile à laquelle le nouvel évêque de Thérouanne était appelé.

La Providence ne tarda pas à les employer eux-mêmes à l'apostolat de la Morinie. Saint Omer, comme nous l'avons vu, se trouvait dans un champ immense à défricher, et manquait d'ouvriers évangéliques pour travailler à la vigne du Seigneur. Il eut recours à l'abbaye de Luxeuil, si riche en religieux fervents et en hommes apostoliques. Sans doute qu'il désigna à saint Walbert, alors abbé, ses trois compatriotes; ou bien le vénérable abbé, de lui-même, crut ne pouvoir rien faire de plus avantageux à la mission ni de plus agréable à Omer, que de lui envoyer Bertin, Mommolin et Ebertran. Quoi qu'il en soit, ils ne furent pas plus tôt arrivés à Thérouanne, qu'ils se dirigèrent vers le lieu actuellement nommé Saint-Mommelin et qu'ils y fondèrent un monastère. Ils y restèrent environ huit ans; puis, devenant trop nombreux, ils établirent, comme nous l'avons raconté dans la vie de saint Omer, une nouvelle colonie à Sithiu.

L'île de Sithiu était alors remplie de fondrières et environnée de marais. Le sol actuel a été haussé de dix-sept pieds par les terres qu'on y a rapportées chaque fois qu'on a rebâti l'abbaye. C'est ce que les architectes ont remarqué aux différentes couches de terre que l'on a trouvées, lorsqu'ils ont fait creuser les fondations pour placer dans l'église les deux magnifiques piliers de marbre qui étaient d'un seul bloc. On ne conçoit pas comment un pareil lieu est devenu habitable, ni comment l'industrie humaine a pu le rendre aussi plan et aussi beau qu'il l'est aujourd'hui.

Cette réflexion, qui est d'Alban Butler, peut s'appliquer à un grand nombre de villes importantes et de bourgades qui ont dû leur origine aux travaux des religieux. En apportant la bonne nouvelle de l'Evangile chez les nations encore barbares, ces hommes apostoliques y ont introduit en même temps la civilisation non-seulement des peuples, mais encore, si l'on peut s'exprimer ainsi, des terres qui jusque-là étaient restées en friche ou couvertes d'eau.

Cependant saint Mommolin avait été nommé évêque de Noyon; saint Ebertran, abbé du monastère de Vermand ou Saint-Quentin. Bertin, que son humilité avait toujours poussé à décliner les premières charges, se vit investi du gouvernement de l'abbaye qui dans la suite des temps a pris et conservé son nom.

Autant avaient été grandes ses appréhensions et ses résistances, autant, lorsqu'il se chargea de la conduite de ses nombreux religieux, il déploya de vigilance, d'activité et de sagesse. « En même temps, dit un des historiens qui ont écrit la vie du saint abbé, qu'il donnait aux serviteurs de Dieu placés sous sa garde, la connaissance des préceptes divins et apostoliques, il leur présentait aussi chaque jour, dans sa conduite et dans ses actes de piété, un grand exemple pour bien vivre. Ainsi il accomplissait cette parole : « Que votre lumière brille devant les hommes, afin qu'ils voient vos bonnes œuvres et glorifient votre Père ; ne voulant pas, comme dit l'Apôtre, après avoir prêché aux autres, être réprouvé lui-même. » Aussi le souverain Rémunérateur des bonnes œuvres, considérant le combat incessant de son serviteur Bertin contre les suggestions de l'ennemi du salut, et voyant le soin admirable qu'il avait des brebis confiées à sa garde, le glorifia par des signes et des prodiges. »

Les grandes qualités du saint abbé lui donnèrent dans toute la contrée un ascendant et une autorité dont les peuples s'étonnaient eux-mêmes. Adroald, cette belle conquête du saint évêque de Thérouanne, témoignait aussi à saint Bertin la déférence la plus absolue. On peut en juger par l'acte de donation que le guerrier franc fit de son domaine de Sithui, et qui a été conservé dans le cartulaire de l'abbaye de Saint-Bertin :

« Aux saints pères et seigneurs, Bertin, Mommolin, Ebertramne.

» Au nom de Dieu, moi, Adroald, l'esprit sain et après une mûre délibération, afin que le Seigneur daigne me pardonner tous mes péchés, je vous donne toute la portion de mon héritage située sur le territoire de Thérouanne, que déjà nous avons voulu donner au seigneur et père Omer, homme apostolique, pour y construire son hôpital. Mais lui-même nous a donné un sage et meilleur conseil, celui de vous faire part de ces biens, afin que vous puissiez y construire un monastère en l'honneur de saint Pierre, le prince des apôtres, pour y vivre avec des moines, y rassembler les bienheureux pauvres d'esprit et les habitants de la maison de la foi, dont les voix résonnent chaque jour aux oreilles du Seigneur, qui écoute leurs demandes et les exauce. A ces causes, je vous donne, à vous, mes pères dans le Christ, par cette lettre de donation, dans le territoire de Thérouanne, une terre à moi appartenant, nommée Sithiu, sur le fleuve d'Aa, avec tout ce qui lui est inhérent et adjacent... »

Cet acte est de l'an 648, le 8 des ides de septembre, la douzième année du règne de Clovis II.

Ce fut là, sur cette terre humide et marécageuse, qu'avec l'approbation du saint apôtre de la Morinie, furent jetés les fondements de la célèbre abbaye. L'église Notre-Dame, construite aussi vers le même temps, sur une colline voisine, était entourée d'un cimetière destiné aux sépultures des religieux.

Lorsque la dépouille mortelle du saint évêque de Thérouanne y fut déposée, elle prit le nom d'*église d'Omer* [1].

Ce ne fut pas seulement Adroald qui favorisa par ses largesses l'établissement du christianisme dans cette partie des Gaules ; bien d'autres nouveaux chrétiens montrèrent combien leur conversion était sincère par les sacrifices de toute nature qu'ils firent pour la propagation de la foi. Parmi ces généreux néophytes, il faut distinguer le comte Walbert, seigneur d'Arques, près de Saint-Omer, et de Poperingue, près d'Ypres. Ce seigneur, qui était très-opulent et qui exerçait une grande autorité dans toute la contrée, embrassa la foi chrétienne avec une ardeur

[1] *Ecclesia Audomarensis.* Cette église devint le centre d'une communauté monastique différente de celle de Sithiu. Au IXe siècle les statuts de cette église furent modifiés par Fridogès, IXe abbé ; plus tard elle fut gouvernée par un chapitre présidé par un prévôt. Cet état de choses dura jusqu'au XVIe siècle, époque à laquelle elle échangea le titre de collégiale contre celui de cathédrale, par suite de l'érection de l'évêché de Saint-Omer.

chevaleresque. Il se mit sous la direction de saint Bertin, et sa famille donna le même exemple que tant d'autres nobles francs qui consacrèrent leurs biens et leurs personnes au service de Jésus-Christ et de son Eglise. Walbert fit donation de sa terre d'Arques et de celle de Poperingue, où un prieuré fut établi dans la suite. Son fils unique reçut au baptême, par respect et par reconnaissance, le nom de Bertin ; et ce jeune homme, qui montrait les plus heureuses inclinations, voulut se donner tout entier à Dieu et mena une vie sainte sous la direction de celui dont il portait le nom. Après sa mort, ses reliques furent déposées sous le grand autel de l'église de Saint-Omer, avec celles de plusieurs autres saints.

Un autre seigneur, nommé Héremar, et qui habitait vers le mont Cassel, en un lieu actuellement nommé Wormhoudt, sur la petite rivière appelée la Peene, voulut aussi attirer dans sa contrée les ouvriers apostoliques. Il fit don à saint Bertin d'une terre considérable, le priant d'établir un monastère et de le confier à des religieux de Sithiu qui pussent y élever une maison où Dieu serait servi avec fidélité, et où les pauvres, les étrangers, les infirmes et les malheureux de toute espèce pussent recevoir des secours.

Quatre nobles jeunes Bretons, que la grâce de Dieu avait touchés, étaient venus, quelque temps auparavant, se présenter à la porte de la maison de Sithiu, demandant avec instance d'y être admis. Parmi eux et à leur tête se trouvait le jeune Winnoc, issu de race royale, et qui, par la pureté de ses mœurs et la ferveur de sa foi, donnait un nouvel éclat à la noblesse de son origine. Bertin avait accueilli avec joie ces jeunes soldats de Jésus-Christ, et il vit, avec autant de consolation que d'étonnement, que les quatre novices, malgré leur grande jeunesse, avaient atteint une perfection sublime. Pendant plusieurs années, ils se montrèrent de plus en plus dignes de leur sainte vocation, et ils répandirent autour d'eux la bonne odeur des plus admirables vertus.

Aussi ce fut sur eux que saint Bertin jeta les yeux lorsqu'il eut reçu la demande d'Héremar. Il leur adressa les exhortations les plus touchantes, leur donna les instructions les plus paternelles, et les envoya ensuite à Wormhoudt, où ils fondèrent un monastère qui prit bientôt les plus grands développements et qui donna naissance à la célèbre abbaye de Saint-Winnoc à Bergues.

Sur un autre point de la Gaule-Belgique, on eut recours aussi à saint Bertin pour féconder l'œuvre importante qui y avait été établie par saint Vindicien, évêque de Cambrai et d'Arras. Le monastère d'Honnecourt, au Cambrésis, avait besoin, dans l'intérêt des populations environnantes, d'être confié à des hommes puissants en œuvres et en paroles; une donation en fut faite à l'abbé de Sithiu, par une charte qui fut confirmée par Clotaire III, et une colonie de religieux de Saint-Bertin alla s'y fixer et y travailler à la vigne du Seigneur.

De toutes les contrées, arrivaient à Sithiu des gentilshommes, de jeunes seigneurs nouvellement arrachés aux ténèbres du paganisme, embrasés de l'amour de la croix, et cherchant un guide sûr dans les voies de la perfection religieuse, vers laquelle l'attrait de la grâce les appelait. Ils s'estimaient heureux de se placer sous la direction du saint abbé et de vivre dans les exercices de la contemplation et de la pénitence. Aussi l'abbaye de Sithiu présentait au monde un admirable spectacle retraçant les merveilles que l'histoire rapporte des solitaires qui peuplèrent les déserts de l'Egypte.

Parvenu à un âge avancé, saint Bertin reçut une invitation pressante de la part de saint Amand, fondateur de l'abbaye d'Elnon[1], qui voulait en faire la consécration solennelle, et entourer cette grande cérémonie de toute la pompe dont elle était susceptible.

Là, le vénérable abbé se trouva réuni avec saint Réole, archevêque de Reims, saint Vindicien, évêque de Cambrai et d'Arras, saint Mommolin, évêque de Tournai, son ancien compagnon d'apostolat, et un grand nombre d'hommes éminents par leurs vertus et par leurs dignités. Saint Amand désira que saint Bertin apposât lui-même son sceau et sa signature sur le testament qu'il avait préparé et dont il fit lecture aux prélats assemblés. Cette suscription, qui vient la première après celle des pontifes, est conçue en ces termes :

MOI BERTIN, ABBÉ, J'AI SOUSCRIT.

[1] Elnon a pris depuis le nom de Saint-Amand, et cette célèbre abbaye a aussi donné naissance à la ville du même nom.

Après être resté quelques jours dans l'auguste société des évêques, il reçut avec une humilité profonde la bénédiction particulière de saint Amand, de cet homme apostolique qui avait voulu quitter les insignes de l'épiscopat pour se donner tout entier à la vie religieuse et pour fonder des monastères; puis il revint dans sa retraite chérie, sur laquelle Dieu continuait à répandre les plus abondantes faveurs. A cette époque, le nombre des religieux de la maison de Sithiu, sans compter ceux qui s'étaient répandus de divers côtés pour des fondations nouvelles, s'élevait à près de deux cents religieux; cette postérité nombreuse devait s'accroître encore et se multiplier pendant douze siècles après la mort du saint fondateur.

Pour lui, sentant ses forces s'affaiblir et comprenant, comme les saints le comprennent, qu'un moment arrive où le fardeau du gouvernement est au-dessus de la vigilance et de l'activité d'un vieillard, il remit la direction de l'abbaye aux mains de Rigobert, un de ses bien-aimés disciples. Celui-ci ne garda pas longtemps la première charge; soit par humilité ou par amour de la vie obscure, soit que le fardeau fût réellement trop lourd pour l'état de sa santé, il se démit de sa dignité.

Saint Bertin choisit alors Erlefride, qu'il avait élevé dès son jeune âge et dans lequel il avait la plus grande confiance. C'était un religieux de la plus haute vertu, qui consacrait les jours et les nuits à la prière, et qui était favorisé du don des miracles. Il justifia entièrement le choix de son père spirituel et gouverna l'abbaye avec zèle et intelligence.

Plein de sécurité sur le sort de sa nombreuse famille, le vénérable vieillard ne songeait plus qu'à se préparer à une sainte mort. Quoiqu'il fût plus que centenaire, il ne s'occupait qu'à redoubler d'austérité et de ferveur. Appliqué tout entier à la méditation des choses de Dieu, il passait souvent les nuits en prières dans la chapelle de la bienheureuse Vierge, et prenait très-peu de nourriture pendant le jour. Il semblait que Dieu ne conservait l'existence de son serviteur que pour qu'il servît plus longtemps d'exemple à ses enfants. Redevenu, à son âge et volontairement, simple religieux, il obéissait, comme le plus jeune des novices, à toutes les observances de la règle, et donnait à toute la communauté l'exemple de la régularité et de la perfection.

Chargé de mérites et épuisé de fatigues, saint Bertin s'endormit enfin dans le Seigneur, le 2 mai 709, au milieu des nombreux enfants qu'il avait nourris et fortifiés si longtemps de sa parole et de ses exemples. L'abbé Erlefride eut le bonheur de fermer les yeux au vénérable vieillard qu'il aimait et honorait comme son père et son maître; il lui fit de magnifiques obsèques et lui donna la sépulture à droite du grand autel, dans le sanctuaire même récemment élevé et embelli par ses soins. Dieu manifesta par de nombreux miracles la sainteté de son serviteur. Sa mémoire, comme celle du saint évêque de Thérouanne, fut de tout temps en grande vénération dans la ville de Saint-Omer. « Il n'est pas une fête ou une calamité publique, dit un savant écrivain moderne, qui, dans les siècles précédents, n'ait ranimé la confiance de nos aïeux envers saint Bertin et saint Omer, ces deux grands patrons de la cité. »

En 846, l'évêque de Thérouanne saint Folquin, craignant l'invasion des Normands, cacha avec soin le corps de saint Bertin, et on ne le découvrit dans la suite qu'en 1052, quand on répara l'église Saint-Pierre, du temps de l'abbé Bavon.

L'abbaye et l'église de l'île de Sithiu, qui ont été pendant des siècles l'ornement de la ville de Saint-Omer, ont porté pendant plus de quatre cents ans le nom du prince des apôtres, et pendant plus de cinq cents celui de Saint-Bertin. L'église était un des plus beaux monuments de l'art gothique qu'il y eût en France. Le trésor, qui était d'une grande magnificence, était dû à la libéralité de Charlemagne et d'un grand nombre de princes et de prélats.

Lors de la révolution de 93, après 1140 ans d'une possession non interrompue, les religieux de Saint-Bertin durent quitter l'asile de la prière. L'abbaye et l'église furent dégradées et démolies après avoir été dépouillé de leurs richesses, des boiseries, du fer, du plomb, du bronze, du marbre, des pierres même. La tour seule survit comme un grand souvenir[1].

Un collége avait été annexé à l'abbaye

[1] Voir M. Henri de la Plane, digne et savant historiographe de la célèbre abbaye, dans son ouvrage, *les Abbés de Saint-Bertin*. 2 vol. in-8°.

de Saint-Bertin. En 1790, l'esprit révolutionnaire le fit fermer ; et dom Charles de Witte, en rendant les comptes définitifs de cet établissement, termine par ces mots : « La Providence le rétablira dans sa première splendeur quand elle le jugera à propos... »

La Providence y a pourvu ; et si la tour encore debout de Saint-Bertin proclame les grandeurs du passé, le collége florissant qui s'est placé sous le patronage du saint abbé annonce les réparations du présent et les espérances de l'avenir.

FIN.

TABLE

INTRODUCTION. v

CHAPITRE PREMIER. Enfance de saint Vaast ou Védaste. — Ses premiers travaux apostoliques. — Conversion de Clovis. 19

CHAPITRE II. Situation topographique des pays qu'évangélisa Védaste. — Résumé des missions antérieures. 34

CHAPITRE III. Episcopat de saint Vaast. 53

CHAPITRE IV. Mort de saint Vaast. 70

S. OMER, évêque de Thérouanne. 85

S. BERTIN, abbé. 123

FIN DE LA TABLE.

— Lille. Typ. L. Lefort. 1861. —

A la même Librairie :

volumes in-18 avec gravure.

OEuvres complètes du chanoine Schmid.

Henri, ou Comment le jeune d'Eichenfelds acquit la connaissance de Dieu, suivi de la Bague de diamant, etc. porte.
La Nuit de Noël, ou Histoire du jeune Antoine.
Les OEufs de Pâques, suivis de la Tourterelle.
Le Serin, suivi du Ver luisant, de N'oubliez pas, des Écrevisses et du Gateau.
Le Petit Émigré.
La Croix de bois, suivie de l'Image de la Vierge.
Geoffroi, ou le Jeune Ermite.
L'Agneau.
La Petite Muette, suivie du Nid et de la Chapelle au Bois.
La Guirlande de Houblon.
Les Carolins et les Kreutzers, suivis du Rouge-Gorge, du Vieux Château, du Brigand et des Paquerettes.
Les Fruits d'une bonne éducation.
La Corbeille de fleurs.
Les Deux Frères.
Rose de Tannenbourg. 2 vol.
Le Rosier, suivi des Cerises.
Le Melon, suivi du Rosier.
Fernando. 2 vol.
La Cruche à l'eau, suivie des Roses blanches.
Timothée et Philémon, histoire des Deux Jumeaux chrétiens.
La Chartreuse.
Fridolin le bon garçon et Thierri le mauvais sujet.
Clara, suivie d'Angélique.
Geneviève. 2 vol.
L'Héritage le meilleur, suivi d'Anselme.
Eustache. 2 vol.
Les Diamants, suivis de Titus.
Josaphat, suivi des Trois Paraboles. 2 vol.
Le Jardin, et cinquante-neuf autres petits contes.
Le Grand Nid, et soixante-quatre autres petits contes.
Le Miroir, et soixante-quatre autres petits contes.
Les Fraises, suivies de la Couronne de fleurs, comédies.
Emma, suivie du Petit Voleur d'œufs et du Petit Ramoneur.

— Lille Typ. L. Lefort 1858 —

www.ingramcontent.com/pod-product-compliance
Ingram Content Group UK Ltd.
Pitfield, Milton Keynes, MK11 3LW, UK
UKHW022107190726
13855UKWH00002B/689

9 782013 240666